アイヌの法的地位と国の不正義

――遺骨返還問題と〈アメリカインディアン法〉から考える〈アイヌ先住権〉

市川守弘

寿郎社

はしがき

弁護士になりたての頃、私は萱野茂・貝澤正両氏が提訴した二風谷《にぶたに》裁判の弁護団の末席に加えてもらった。この裁判はアイヌの文化享有権を認めた画期的なものであったが、判決ではしかし、それ以上に〝アイヌの集団の権限〟や〝ダム予定地の土地に対するアイヌの権利〟などに踏み込むものではなかった。

その後、一九九九年から二〇〇二年まで、アメリカのコロラド大学のロースクールで学ぶ機会を得た。そこで初めて〈アメリカインディアン法〉に接したときの驚きは忘れることができない。〝インディアンの権利〟〝インディアントライブの権限〟〝インディアントライブの主権〟などについて学んだ私は、先住民族についての法学的研究とはこういうことなのか、と衝撃を受けた（〈アメリカインディアン法〉については第四章で詳しく触れる）。

翻って日本では、これまでアイヌについてのまとまった法学的研究はされてこなかったといってよい。すくなくとも私は法学的にまとめられたアイヌ問題に関する著作や研究に出会ったことはなかった。もっともアイヌ問題では、法学の分野に限らず、歴史学・文化人類学・自然人類学・社会学など、さまざまな学問分野で研究してほしいこと、解明してほしいことが山積している。そうした中で、私が榎森進氏の著作『アイヌ民族の歴史』(草風館)に出会えたことは幸せであった。アイヌの法学的研究にはアイヌの歴史の分析が必要不可欠だからである(このアイヌの歴史については第二章・第三章などで触れる)。

このような経過を経て私は、アイヌの歴史に沿って、〈アメリカインディアン法〉の視点から、その権利や権限をまとめてみたいと思うようになった。そしてその後さらに〝まとめなければならない〟と思うようになった。きっかけはアイヌ遺骨の返還問題であった。序章で述べるように、アイヌ遺骨問題では、誰に遺骨の返還を求める権利・権限があるのかが一番の争点となり、遺骨を保管する大学側は祭祀承継者《さいししょうけいしゃ》が唯一の遺骨の権利者であると主張した。大学側のその主張は民法や最高裁の考え方そのものであった。その民法や最高裁の考え方をおそらく法学者や弁護士のほとんどが支持するはずである。

しかし私は、アイヌ遺骨返還問題では、そのような日本の法のあり方を超え、誰でもが納得できるアイヌの法理論・法体系を明らかにしたうえで、〈アイヌコタン〉という集団の〝遺骨管理権〟を理論化しなければアイヌ遺骨はアイヌの元に帰ってこないと考えた。そしてこの裁判を契機に、アイヌコタンという集団の権限を中心とした〈アイヌの法的地位〉をまとめる決意をした。それはアイヌについての法理論と法体系をまとめることを意味するが、本書はいわばその端緒であり、問題提起となるものである。

また、〈アイヌの法的地位〉をまとめるということは、これまで〈アイヌの法的地位〉を無視してきた日本国の不正義の歴史を明らかにすることにもなる。〈アイヌの法的地位〉の確立とともに日本国の不正義を清算しなければならない。

そのような観点から、本書はこれまでほとんど触れられてこなかった〈アイヌコタン〉という集団の「権限」（これは国連の先住民族の権利宣言でいう「先住民族の権利」である）についてさまざまな角度から論じたものである。本書に対する反論・批判・意見などが出ることによって、アイヌコタンという集団の権限と〈アイヌの法的地位〉についての理解がより深まることを大いに期待するところである。

アイヌの法的地位と国の不正義

――遺骨返還問題と〈アメリカインディアン法〉から考える〈アイヌ先住権〉

目次

第三章　明治政府によるコタンへの侵略

第四章　〈アメリカインディアン法〉から学ぶこと…………111

第五章　憲法と先住権、先住権の主体としてのコタン

装幀　鈴木美里

アイヌの法的地位と国の不正義

――遺骨返還問題と〈アメリカインディアン法〉から考える〈アイヌ先住権〉

序章

アイヌ遺骨の返還から〈アイヌの法的地位〉の確立へ

一、研究目的でのアイヌ遺骨の収集

八五年後の返還

二〇一六年（平成二八年）七月一五日から一七日にかけて、北海道浦河町《うらかわちょう》杵臼《きねうす》で、身元の判明している遺骨一体、身元不明の遺骨一〇体、そしてバラバラになった遺骨一箱の再埋葬がアイヌプリ（アイヌの習慣）にしたがって厳かに執り行われた。アイヌ遺骨のほとんどは頭骨だけで、一部の遺骨は頭骨に加えて大腿骨や骨盤があったが、頭骨がなく大腿骨だけという遺骨もあった。再埋葬は、三日間かけて行われた。一日目は「お帰りなさい」の気持ちを込めたカムイノミ（神への畏敬や感謝を込めたアイヌの儀式のこと）を行い、二日目は伝統にしたがって近くの杵臼墓地まで葬列を組んで遺骨を運び、再埋葬をし、墓地にアイヌの人たちが作ったクワという墓標を立て、そのあとイチャルパ（アイヌの供養の儀式のこと）を行った。そして三日目に再びカムイノミを行って、八五年かけてやっと戻ってきた先祖に対しての慰霊が終わった。三日間にわたってこの伝統的儀式を執り行った祭司は、静内町（現・新ひだか町）在住のアイヌの葛野《くずの》次雄、主催団体は葛野が副代表を務める日高地方居住ないし出身のアイヌだけで組織された〈コタンの会〉である。「コタン」というのは「集落」とか「村」を意味するアイヌ語である。再埋葬では遺骨を焼くことなくそのまま土葬にした。

杵臼の再埋葬の際に立てられたクワ（墓標）。
葛野次雄・コタンの会製作（2016年7月16日）

町営墓地から持ち去られる

再埋葬されたこれらの遺骨は、もともとは浦河町杵臼墓地に埋葬されていたアイヌの人たちの遺骨である。杵臼墓地は明治以降に浦河町が作った町営墓地だが、明治のいつ頃に作られたかは町役場でもわからない。杵臼墓地ができる前の杵臼コタンに暮らすアイヌの人たちの墓地は、コタンの川向の丘陵の中腹にあった。しかしそこは明治以降、和人の「開拓」によって私有地となり、墓地として使用することができなくなった。遺骨返還訴訟の原告になった城野口《じょうのぐち》ユリによれば、その丘陵の中から「たくさんの遺骨が出てきたけど、いつの間にかなくなっていった」とのことである。アイヌの人たちは、杵臼墓地が完成した後は、川向の丘陵の墓地に埋葬するのではなく、町営の杵臼墓地に埋葬することが義務付けられた。

町営の杵臼墓地にアイヌの人たちを埋葬するようになってから数十年がたった一九三一年(昭和六年)から三五年(昭和一〇年)頃にかけて、北海道帝国大学医学部解剖学教室によって、杵臼墓地に埋葬されていたアイヌの遺骨が「研究の目的」で掘り出され、大学の研究室に持ち去られた。北海道帝国大学は、戦前から戦後にかけて、北海道や樺太・千島などから一〇〇〇体を超えるアイヌ遺骨を持ち去っていた。冒頭に述べた杵臼墓地に再埋葬した遺骨は、これらの持ち去られたアイヌの遺骨の一部であった。札幌に住んでいた海馬沢《かいばさわ》博や杵臼出身の遺骨返還訴訟の原告にもなった小川隆吉などのアイヌの人たちは、七〇年代になってから幾度となく北海道大学に対し、先祖の遺骨を返還するように要求していた。しかし北海道大学は、研究に必要な資料だとか、墓地からアイヌの遺骨を掘り出す際に〝遺族の承諾〟があったから返還しなくてもよい、などという理由で返還を拒み続けた。それに対してアイヌの人たちは「承諾なんかしていない」と主張した。そして北海道大学も「遺族の承諾」を明らかにできなかった。

このような掘り出されたアイヌの遺骨は当初、形質人類学という学問の研究のために利用されていた。この研究はアイヌの人たちの頭骨をさまざまな角度から測定し、その計測値を樺太アイヌ・和人・朝鮮人などのデータと比較し、アイヌの特徴を明らかにしようとするものであった。だから遺骨のうち重要だったのは頭骨であった。ただ、この比較研究は、戦前の〝大和民族優越〟思想(〝優生学〟ともいわれるもの)のもとでの、「アイヌは劣り」「和人は優秀である」との結論を出したいがための研究であったとの指摘もあり、さほど学問的な実績を残したものとはいえなかった。

児玉作左衛門らの頭骨研究

北海道帝国大学でアイヌ遺骨の研究を中心的に行っていた教授は児玉作左衛門であったが、日本で最初のアイヌ遺骨の研究者は東京帝国大学教授の小金井良精《よしきよ》である。小金井は一八八〇年（明治一三年）にドイツのベルリン大学に留学して解剖学を学び、帰国後は東京帝国大学で解剖学を教えている。ドイツ留学中に人骨の頭骨測定に関心を持った小金井は、帰国後、日本の頭骨研究の第一人者となった。小金井によるアイヌの頭骨研究は世界的にも注目されたといわれている。

ドイツではその後、一八八三年に「優生学」が起こり、人間間（あるいは民族間）での「生存競争」「自然淘汰」「優勝劣敗」などの研究が行われるようになる。日本では、東京帝国大学医学部教授の永井潜《ひそむ》が、一九三〇年（昭和五年）に「日本民族衛生学会」を作り、この優生学――つまり「遺伝的に優れた子孫を残すことが国家の興亡に密接」（植木哲也『新版　学問の暴力』）という考えのもとで、その後アイヌの人骨調査が行われるようになったといわれている。永井が委員長を務めた日本学術振興会第八小委員会は、児玉作左衛門をはじめとする多くの北海道帝国大学の関係者とともに、昭和初期にアイヌ墓地を発掘しアイヌ人骨の収集を行った。この点について植木は、「日本学術振興会のアイヌ調査研究が民族衛生学会の主導で実施されたということは、墓地発掘もまた優生学的思想の支配下にあったといえるだろう」（同書）と述べ、アイヌ墓地の発掘とアイヌ人骨の研究が、当時の日本政府による天皇中心の「大和民族優位論」を思想的背景として色濃く持っていたことを指摘している。

しかしながら遺骨を発掘してまで行った北海道帝国大学教授児玉作左衛門の頭骨研究には、その学問的成果がほとんどなかった。たとえば、アイヌの頭骨にあった損傷（穴）を、当初は「人為説」つまりアイヌによって傷つけられた(開けられた)ものとしていた。しかし、なぜそのようなことをしたのか、どのようにして穴を開けたのかなどを解明することはできず、結局、「埋葬後にネズミに齧られただけ」とした。

ただ、形質人類学が全く意味のない学問であったかというと、そうともいえない。今でも世界中の人類化石の研究をとおして行われている頭骨の研究は、猿人・原人・旧人・新人という人類の複雑な進化史を明らかにするための重要な学問分野となっている。

一九七〇年代まで行われていた遺骨収集

北海道帝国大学以外の大学でも遺骨の発掘は盛んに行われた。前述したように東京帝国大学では小金井が北海道帝国大学より早くアイヌの人たちの遺骨を収集し、京都帝国大学では沖縄本島から琉球の人たちの先祖の遺骨を発掘していた。このような遺骨の収集は驚くことに一九七〇年代まで行われていた。北海道では、たとえば静内町(現・新ひだか町)の町営の静内駅前墓地で五〇年代後半(昭和二九~三一年頃)に、同じく町営の豊畑墓地では七〇年代初め(昭和四六~四七年)に墓地改葬事業が行われたが、その際に、通常であれば改葬で新しい墓地に埋葬されるべきアイヌの人たちの遺骨が北海道大学によって持ち去られた。その数はこの二カ所で二〇〇体近くになる。一九四八年(昭和二三年)に制定された「墓地、埋葬等に関する法律」(墓地埋葬法)二条三項では「改葬」とは埋葬した死体を他の墳墓に移すことをいう。この法律にしたがえば、静内町は改葬される墓地から掘り出した埋葬されていた死体(遺骨)を新しい墓地に移さなければならない。しかし静内町はこの法律に違反し、改葬(新たな墓地に遺骨を移すこと）をせずに、遺骨を北海道大学に「寄贈」したのである。これはいわば遺骨を「捨てた」ことになる。この墓地改葬事業では、和人の遺骨を新たな墓地に移しているにもかかわらず、アイヌの墓はすべて「無縁故」（「無縁墓」の意味）であったとし、引き取り手がないからという理由で北海道大学が発掘したことを正当化しているのである。しかも、「墓地改葬事業」であるにもかかわらず、人骨だけでなく副葬品の発掘調査をも行い、人骨とともに副葬品も北海道大学は持ち去ったのである。静内町は、埋葬されていたのがアイヌであるがゆえに、その遺骨と副葬品を北海道大学が研究室に持ち去ることを認めたうえで、「研究に役立たない」頭骨以外の残骨についてのみ焼骨して改葬後の無縁墓に埋葬していた。これは北海道大学と静内町が共同で行った墓地埋葬法違反行為なのである。

また、静内町のいうこの「無縁故」ということにも重大な疑問が残る。アイヌは、死者の埋葬後、墓地に墓参りはしない。それは静かに眠ってもらい、けっしてその眠りを妨げてはならない、という決まりがあったからである。埋葬時には木で作ったクワ（墓標）を立て、クワは朽ちるに任せ、故人の慰霊はコタン（集落）内で行うのである。このようなアイヌの埋葬方法——死生観・宗教観——からは、そもそも「無縁故」という、「放置された誰も墓参りに来ない墓」という和人のような考え方は出てきようもないのである。

アイヌの墓地を無断で発掘し、埋葬されているアイヌ遺骨を掘り出す行為は、戦前でも刑法に触れる行為（墳墓発掘罪、死体損壊罪）であった。それでも研究者は「古墳あるいは遺跡の発掘である」とか「無縁墓だからよい」などといって発掘していった。しかしアイヌの墓地は「古墳」でも「遺跡」でもない。「古墳」「遺跡」であるという証明すらなされていないこの理屈では、北海道大学の行為を正当化することはできない。

二、江戸時代のイギリス人によるアイヌ遺骨発掘事件

森町や八雲町から一六体の遺骨が……

一九世紀後半の幕末にもアイヌ遺骨の墓地からの掘り出し行為が問題になった事件が起こっていた。箱館にできたイギリス領事館の職員が箱館近郊の森町《もりまち》や八雲町落部《やくもちょうおとしべ》の集落（当時は村）から計一六体のアイヌ遺骨を掘り出していたことが発覚し、国際問題となったのである。イギリスでは当時形質人類学の研究が盛んで、アイヌの人骨はヨーロッパでは貴重であったことが発掘の理由であった。

一八五八年（安政五年）に締結した日英修好通商条約ではイギリス人の裁判権は日本側にはなかったのだが、箱館奉行小出大和守《こいでやまとのかみ》は、「墓暴きは重大な犯罪」との前提でイギリス領事館勤務の職員の取り調べを行った。当初は犯行を否認していたイギリス人の職員たちも証人などの出現で認めざるをえなくなり、最終的にはイギリス側が職員らを解任し、盗掘行為があったとして一二カ月の禁固刑に処した。箱館奉行はさらにイギリスに対して両村のアイヌへ計一〇〇〇分金（一分金は四枚で一両なので二五〇両。当時の一両は現在の一〇万円相当なので二五〇両は約二五〇〇万円）を賠償させた（『新版　学問の暴力』）。

不平等条約まで結ばされる日英間の力関係の中で、アイヌの墓の発掘と遺骨の持ち出し行為に対して、当時の幕府役人は毅然とした態度でイギリスと交渉し、アイヌの人たちへの賠償金まで出させた

ことは特筆すべきであろう。なぜなら、明治になると、和人が自らアイヌ墓地を掘り起こしてアイヌ遺骨を持ち去る違法行為を行ったことに対し、日本政府は行為者への処罰やアイヌへの賠償といったことをしなくなってしまったからである。幕末には絶対に許されない行為であったことが、明治になると学術的研究の目的が「錦の御旗」となり、「許される」ことになっていったのである。そのことを植木は次のように述べている。

> 小出（箱館奉行小出大和守）はアイヌ墓地の発掘を犯罪として裁くことに全力を注いだ。江戸幕府も英国政府も発掘が重大犯罪であることに見解の相違はなかった。たとえ学術研究が目的であろうと、なんら酌量の余地はないという点で両者は一致していた。のちの時代の研究者たちもこれに同意し、大和守の行動を賞賛してきた。
>
> とすれば、研究のために墓地を発掘するという「犯罪」は、それ以降二度と起こらなかったろうし、たとえ起こったとしても厳しく罰せられたに違いない、と誰もが考えるのではないだろうか。
>
> （『新版　学問の暴力』）

植木の指摘するように、小出大和守の行為を絶賛した日本の研究者は明治以降けっしてアイヌ墓地を掘り起こすことはないだろうと思うのは当然であった。しかし現実は、明治以降、アイヌ遺骨の発掘は大々的に行われるようになり、現在、全国の研究機関に頭骨だけで一六〇〇体を超える遺骨があるのである。そして、遺骨返還訴訟を起こさなければ、持ち去られた遺骨はアイヌコタンの地には戻ってこないのだ。

三、遺骨返還拒否の理由は何か

新しい研究分野の誕生――ヒトのDNAがほしい！

北海道大学がかつて全道五〇を超える市町村と樺太・千島諸島などから収集したアイヌ遺骨は、頭骨だけで一〇〇〇体を超えている。そのうち三五体は、アイヌの強い要求によって一九八五年（昭和六〇年）から二〇〇一年（平成一三年）にかけて当時の社団法人北海道ウタリ協会の五支部に返還されたが、その後は一切返還されることなく、逆に北海道大学は返還を拒否してきた。

いったんは三五体の遺骨を返還した北海道大学が、その後返還を拒否するようになった理由は何であろうか。それは遺骨に関して新しい研究分野が生まれたことに原因があると私は考えている。それはヒトのDNAの解析による人類の誕生と世界中への移動の歴史の解明である。

一九八〇年代のヒトのミトコンドリアDNAの解析によって、私たちホモ・サピエンスの歴史は約二〇万年前のアフリカ（現在のエチオピア辺り）の一人の女性から始まることがわかった。七万年前から六万年前頃までアフリカに留まっていたホモ・サピエンスはその後移動を始め、ヨーロッパ、アジア、さらにアメリカ大陸へと移っていったとされたのである。二一世紀に入ると、ヒトゲノムが解読されたことによりDNAの詳細な解析が進んだ。その結果ミトコンドリアDNAの解析ではわからなかったネアンデルタール人とホモ・サピエンスとの混血も明らかになった（アフリカ人以外のホモ・サピエンスには数パーセントの割合でネアンデルタール人のＤＮＡが入っている）。

これらのＤＮＡ研究は、古い人骨などを利用して古代人と現代人との比較やアイヌ・琉球人と和人の関係性などについても行われるようになった。多くの人が興味を持つ「日本人はどこから来たのか」というような疑問もＤＮＡの解析によって解き明かされるのではないかという期待が高まってきている。

現在、日本中の研究機関が保管している一六〇〇体を超えるアイヌ遺骨は、こうした新しいＤＮＡ研究の「貴重」な標本（サンプル）である。古い、和人と混血していないアイヌ遺骨は、かつての形質人類学の研究のためではなく、新しい学問分野のために必要とされているのだ。

札幌医大での比較研究

二〇一七年（平成二九年）にアイヌ遺骨を使ったミトコンドリアＤＮＡ解析による縄文人とアイヌ・和人との比較をした研究論文が発表された。ミトコンドリアＤＮＡが解析されたアイヌ遺骨は札幌医科大学が「アイヌ遺跡」などから発掘したとして保管していたものである。中には札幌医科大学が一九六二年（昭和三七年）五月に浦河町東栄遺跡から発掘し保管していたアイヌ遺骨三四体および四肢骨一箱のうちの三二体が含まれていた。論文ではこれらのアイヌ遺骨は江戸時代のものなので和人の影響を受けていない「貴重な」遺骨であるとしていた。しかし、私の調査では、この東栄遺跡の「アイヌ墓地」は明治以降にアイヌの人たちによって墓地として使用されていたものである。論文の前提が間違っているのだ。浦河町教育委員会の発行した「浦河町の遺跡」という冊子には、縄文期の東栄遺跡のあったところは明治以降に近くに住むアイヌの人たちがたまたま墓地として利用していたということが明記されている。間違った事実を前提にした論文は撤回されるべきであり、このＤＮＡ研究は研究の名にも値しないであろう。

ＤＮＡ研究とアイヌの権利

昔、私たちは学校で北京原人やジャワ原人といった原人が人類になっていったと教えられた。しかし現代では、これら原人は人類への歴史の中で枝分かれした種で、その後絶滅したものと考えられている。ネアンデルタール人も四七万年ほど前にホモ・サピエンスへと進化していったグループと枝分かれし、ホモ・サピエンスとは四万年ほど前まで共存していたといわれている。たしかに、このホモ・サピエンスの誕生とその移動の歴史についての研究は重要かつ興味深い研究だが、そのこととアイヌ遺骨を掘り出すこと、また、持ち去った遺骨を研究のために利用するということは別の問題である。現在大学などが保管しているアイヌ遺骨からミトコンドリアＤＮＡやヒトＤＮＡを抽出し研究することが許されるかどうかは、アイヌの人たちの権利の問題であり、法的な問題であって、研究の是非とは関係ないことである。

四、遺骨返還訴訟の提起と北海道大学の主張

アイヌたちの提訴――二〇一二年

北海道大学の遺骨返還を拒む頑なな態度に業を煮やした杵臼居住（出身）のアイヌたちは、二〇一二年（平成二四年）北海道大学に対して杵臼墓地から持ち去られた遺骨の返還を求めて札幌地方裁判所に提訴した。

受けて立った北海道大学は、そもそも遺骨の返還を求めることのできる者（原告適格者）は遺骨の祭祀承継者《さいししょうけいしゃ》であるから、原告となっているアイヌは祭祀承継者ではない以上、原告に対して遺骨を返還する必要はない、と反論した。つまり原告には遺骨の返還を求める権利がないということであった。「祭祀承継者」というのは民法八九七条に規定されている相続人の中の一人で、慣習などによって墳墓などの所有権が承継される特定の人のことである。戦前は戸主が全財産と共に当然のこととして祭祀承継者となったが、戦後は、民法が改正され、財産は法定相続（つまり相続人間で分割）されることになった。しかし墳墓や遺骨などが遺産分割されるのを防ぐために、相続人の協議や慣習によって選ばれた特定の人にだけ相続されることとし、この特定の人を「祭祀承継者」と呼んでいる。この八九七条の趣旨から、遺骨の所有権も祭祀承継者に属するとするのが判例となっている。つまり、遺骨は財産であり相続の対象だが、この遺骨を相続できるものは祭祀承継者一人であるとするのが民法――最高裁判所――の立場なのだ。

では、なぜ原告となったアイヌの人たちは祭祀承継者ではないと北海道大学は主張できたのか。理由は簡単で、北海道大学が保有する一〇〇〇体を超える遺骨のほとんどが誰の遺骨かわからないものであったからである。つまり相続人の不明な遺骨ばかりなのである。一部氏名が特定できた遺骨もあった。しかし、戦前に死亡した人の数代にわたる相続人の中から現代における祭祀承継者を見つけ出すことなど至難の業である。しかもその立証は原告であるアイヌがしなければならなかった。これは不可能なことを押しつけるものであった。

和人の封建的家制度とアイヌの風習

遺骨を含めた墳墓を守っていくのは一族の中の祭祀承継者一人だけである——というのはそもそも戦前の封建的家制度に基づく考え方である。戦前は家長《かちょう》（大概は長男）が祭祀承継者であった。戦後は新憲法による封建的な家制度の廃止とともに家長制度は無くなったが、「祭祀承継者」という考えは残り、「民主的に」相続人間の協議によって定めるとされた。しかし先祖の遺骨と墓を守っていく者を一族のうちの一人だけに定めるというのは、やはり家制度の名残であり、戦前と同じといえる。そして実はこのような考え方自体が「和人的」なのである。

このような「家を継ぐ」「墓を守る」という考え方自体が日本独特のものである。アメリカ人は「家族を守る」とは言っても「家を守る」「墓を守る」と言うことはない。しかし日本では身近にある墓を見てもわかるように「〇〇家の墓」とか「××家先祖代々」などの文字が墓石に刻まれている。つまり、和人社会では、家の墓やそのなかの遺骨を「家」として守っていく——という発想が基本にある。そしてその発想のもとで、一族の家の象徴である墓や遺骨を一族の特定の者に受け継いでいく、という制度が祭祀承継者という制度なのである。戦前の長男が家を継ぐという考えが、祭祀承継者については戦後も「相続人間の協議」や「慣習にしたがう」という形で民法八九七条に生きているのだ。

しかしアイヌには、和人のような家制度はなかった。アイヌの場合は「〇〇家」ではなく、「〇〇コタン」という集団の一員という考え方なのである。コタンの共同の墓地はあっても、家ごとにまとまった墓の区画があるわけではなく、発掘された遺骨も、墓地のある地域のコタンのアイヌ遺骨だとわかっても、誰の遺骨かまではなかなか判別はつかないのだ。だから、自ら「その遺骨の祭祀承継者は私である」とはアイヌの人たちは言えないのである。

北海道大学は、この祭祀承継者こそが遺骨返還の権利を有するという民法と判例を根拠に、返還を求めるアイヌに対して「あなたは遺骨の返還を求める権利はない」という主張をしたのである。

五、日本政府の遺骨返還についての基本的考え

北大と同じ立場の日本政府

北海道大学と全く同じ見解をとっているのが日本政府である。掘り出されたアイヌの遺骨を保管しているのは、北海道大学だけではなく、全国一二の大学が合計一六七六体を保管しているほか、一体とは数えられないバラバラの骨が三八二箱（箱の大きさは不明）存在していると内閣官房アイヌ総合政策室アイヌ政策推進作業部会は言っている。この一六七六体のうち個人名がわかっているものはわずか三八体（二〇一七年の再調査）である。大学が保管するこれらのアイヌの遺骨以外にも、博物館などの収蔵遺骨や外国の研究機関で保管されるアイヌの遺骨も存在している。こうしたアイヌ遺骨は、今後も増加し続ける可能性があり、その総数は現時点で正確に把握されてはいない。

「民族共生の象徴空間」というテーマパークへ

アイヌ遺骨問題に対する日本政府の具体的な計画がある。二〇二〇年、日本政府は北海道白老町《しらおいちょう》に「民族共生の象徴空間」というアイヌ文化を広めるための一種の〝テーマパーク〟を開設することになっている。この「民族共生象徴空間ウポポイ」と名付けられた場所にアイヌ遺骨の慰霊のための施設を開設し、国内外にあるアイヌの遺骨をすべてここに納めるというのが日本政府の方針である。

日本政府は、アイヌの遺骨を白老のテーマパークに集約する前に個人名が特定されている遺骨を返還するとしているが、この遺骨を返還する相手は祭祀承継者としている。したがって、個人名が特定される三八体の遺骨のみが一応「返還」の対象となる。残りのすべての遺骨は、誰の遺骨なのかがわからない以上、その子孫である祭祀承継者も不明であり、したがって、ほとんどの遺骨は返還先がない遺骨となるため、すべてこの「民族共生の象徴空間」に集約されることになる。しかも、ここに集約されたアイヌの遺骨は今後遺伝子研究の対象にすると政府は公言している（アイヌ政策推進会議「民族共生の象徴となる空間」作業部会報告書）。

これまで全国に保管されているアイヌ遺骨はそのほとんどが「盗掘」されたものではないか、と推測されるため、研究倫理上、各大学では遺骨研究ができない状況となっている。しかし、日本政府は、これらの遺骨を国立の〝テーマパーク〟に集約しそれまでの大学や博物館とは別の団体が管理することにした。そのことは研究者にとって大きなメリットである。なぜなら、たとえばミトコンドリアDNA研究をアイヌ遺骨を用いて行いたい場合、その管理団体の承認を得ることによって研究倫理上の障害がなくなり、自由に研究できるからである。しかし、第六章で述べるようにこれは思いあがった考えである。

二〇一七年になって日本政府は祭祀承継者のほかにも発掘された「地域へ返還する」という方針を打ち出し、二〇一八年一二月、正式にガイドラインを発表した。このガイドラインでは返還する地域の団体の適格性を国が判断するとしている。この問題については最後に触れることにする。

さらに国主導のもとで日本人類学会などが白老に集約されるアイヌ遺骨研究のためのガイドラインを二〇一七年四月に発表した。このガイドラインではアイヌ遺骨は、アイヌの過去の生活のほか骨の分子分析などから血縁・系統・アイヌ集団の時代性・地域性などを明らかにできる、という前提からその意義を指摘する。その上で中立的な「委員会」の審査を経て研究を認めるとしている。つまり今後もアイヌ遺骨は「科学」の名のもとで研究対象とされるのである。この問題をより複雑化しているのは、北海道アイヌ協会がこのガイドライン作成に関わっていることである。前述した札幌医科大学が保管するアイヌ遺骨のＤＮＡ研究は道アイヌ協会の承諾を得て行われていたのである。

そもそも、なぜ全道から収集したアイヌ遺骨が白老という場所に集約されなければならないのか、が問われる必要もある。アイヌ社会では、コタンという集団が一定の支配領域（イオル）を持っていた。コタン間ではその支配領域を巡って戦争にもなった。白老という場所は、アイヌの支配領域としては「シュムクル（サルンクル）」というアイヌ集団の領域に属している。つまり、白老という一カ所の地域に遺骨を集約するということは、さまざまな地域から持ち去られた遺骨をたった一つの地域の白老に集約する、ということになる。死んだアイヌの人たちからすれば、自分たちが属していなかったコタンは故郷ではない。「他者の土地」に慰霊されることは遺骨の身になって考えれば、とても慰霊にはならないことは明らかである。国の方針はアイヌの人たちの慣習や感情を最初から無視しているのである。

六、アイヌの人たちの主張

死者に対するアイヌの習俗

アイヌ遺骨に対する「祭祀承継者のみへの返還」という和人社会の道徳観を前提とする北海道大学や日本政府の考え方に対して、アイヌの人たちの遺骨に関する考え方は全く違っていた。まず民法の定めるように遺骨が所有権の対象になり相続財産であるという考え方はそもそもアイヌの人たちにはなかった。したがって遺骨を誰が相続するかという発想もなく、戦後においても遺骨や墓について相続人間で協議が必要ということもなかった。人が死んだらコタンという集落の人たちで埋葬し、墓もクワという墓標を立てるだけである。もちろん「〇〇家」の墓地があるわけではなく、亡くなった順に埋葬していくだけである。死者を祀るのは各家ではなくコタン全体で行うのである。むやみに墓に近づいて「死者の安らかな眠りを妨げてはならない」ため、墓参りはしない。現在は和人風に墓地を持ち、それぞれの宗教にしたがって祀っている家族も多いが、遺骨を持ち去られた当時はまだまだアイヌの人たちの昔ながらの風習や考えが残っていた。

このような従来のアイヌの習慣からすれば、遺骨を誰が相続するのか、という北海道大学や日本政府の考え方自体がおかしいことになる。結局のところ、北海道大学や日本政府のいう祭祀承継者でなければ遺骨を返還しないという主張は、和人の家制度という考え方をアイヌ社会やアイヌの人々に押し付け、強制するものである。これは現代社会における遺骨に関する同化政策でしかない。

杵臼居住（出身）の原告たちは、そもそも遺骨は杵臼コタンが管理していたのだから、杵臼コタンの子孫である原告たちは、コタンが有していた先祖の遺骨の管理権限を引き継いでいると主張し、だから原告たちに遺骨を返還せよと要求した。

七、裁判所による和解勧告とその影響

祭祀承継者にこだわらず

この遺骨返還訴訟は結局、裁判所から遺骨を原告らに返還する方向での和解勧告が出され、北海道大学もその和解勧告にしたがって祭祀承継者にこだわらず裁判所が適当と認める集団に遺骨を返還するということになった。和解といえども裁判所は、通常は、その内容が法律や判例に反するようなことは絶対にしない。しかし、「裁判所が適当と認める集団」に遺骨を返還するとしたこの和解内容は、民法八九七条や遺骨の所有権は祭祀承継者にある――とした最高裁の判例に明らかに反する内容となっている。つまり、この和解は遺骨の所有者は祭祀承継者のみが有するとした従来の日本（和人）の法理論をアイヌの人たちには適用しないと宣言したことになる。実はこの点にこそ遺骨返還訴訟の和解の重要性・重大性があるのである。

コタンの会への返還

この和解内容は、浦河町杵臼以外の二つの遺骨返還訴訟（浦幌町、紋別市）にも影響を与え、同じ枠組みで、「裁判所が適当と認める集団」に遺骨を返還することとなった。

本書冒頭に書いた〈コタンの会〉は、日高地方に居住し、または日高地方出身のアイヌで組織する団体だが、和解の直前に「裁判所が適当と認める集団」として遺骨返還を受ける集団として設立した団体であった。しかも、この〈コタンの会〉は、その目的としてアイヌコタンという集団の復活、コタンという集団の権限の獲得をも掲げ、遺骨の返還を受けるというのはこのコタンの権限の一つであることを明らかにしていた。杵臼ではこの〈コタンの会〉に遺骨が返還され、浦幌のケースでは浦幌アイヌ協会、紋別のケースでは紋別アイヌ協会が、それぞれ「裁判所が適当と認める集団」ということになり、遺骨が返還された。

さらに、遺骨の返還先が祭祀承継者ではなく、「裁判所が適当と認める集団」に返す――としたことからもう一つの重大な結果が生まれた。それは身元不明の遺骨についても、掘り出された場所が明らかであれば、その地域のアイヌの集団に遺骨を返還する――という道を開いたことである。

そもそも相続人や祭祀承継者とは無関係に「裁判所が適当と認める集団」に返還するとなれば、遺骨が発掘された場所のアイヌの集団にこれらの身元不明の遺骨を返還することになんの障害もないことになる。したがって、杵臼の場合も紋別や浦幌の場合も、「裁判所が適当と認める集団」であれば身元不明の遺骨を含めてすべての遺骨を返還させることができるのだ。ただし、国は新たに「地域返還」を打ち出すことによってこの和解の成果を別のものにしようとしている。

八、アイヌ集団（コタン）の権限――本書の課題

遺骨返還を巡る訴訟の中で、和人社会の家制度を前提とした「遺骨の所有者→相続人→祭祀承継者一人」という「当然の」法制度が、アイヌ社会やアイヌの人たちには適用されない――という新しい方向性が形作られた。アイヌの遺骨を祭祀承継者ではなく「裁判所が適当と認める集団に返還する」としたことは、このような集団こそが遺骨返還を受ける権限を有するということを裁判所が積極的に認めたということだ。アイヌの人たちにとっては、この特定のアイヌの集団が集団としての権限を有していると認められることが非常に重要なことなのである。アイヌ遺骨返還訴訟は、公に先祖の遺骨の管理権限が、アイヌ個人（祭祀承継者）ではなく、集団としてのアイヌに属することを認めたものとなった。では、この集団とは何を意味しているのか。この集団が有する権限とはどのようなものなのか――。私はこの一定の権限を有するアイヌの集団は、各地域に存在していたコタンの構成員の子孫からなる集団であり、この権限は「先住権」と呼ばれている権限であると考えている。とくに国が新たに「地域返還」を言い出し、一方的なＤＮＡ研究を是認する方向性を強めている今、「先住権」という権限を明らかにすることは喫緊の課題である。

本書では、まさにこの〝アイヌの集団としての権限〟に注目して、従来、法の分野において全く明確にされてこなかったアイヌ集団の権限について、アイヌの歴史、世界の潮流などから解きほぐし、これら集団の権限と憲法との関係などに言及していく。本書の表題が『アイヌの法的地位と国の不正義』

となっているとおり、アイヌの法的地位を明らかにすることは、同時にこれまで行われてきた（今も行われている）日本国におけるアイヌに対する不正義をも告発することになろう。それは和人によるアイヌに対する不正義の歴史の、その清算のはじまりともいえよう。

第一章　先住民族の権利に関する国際連合宣言

一、先住民族の権利に関する国際連合宣言

宣言一二条――先住民族の遺骨返還権

はじめに世界の先住民族の権利、権限の問題から見ていく。

国連総会は二〇〇七年（平成一九年）九月一三日、「先住民族の権利に関する国際連合宣言」（英文ではUnited Nations Declaration on the Rights of Indigenous Peoples）を採択した。そして日本政府はこの宣言に署名した。

この「先住民族の権利に関する国際連合宣言」（以下「国連先住民族の権利宣言」）は、世界各地の先住民族のさまざまな権利、権限について明確に謳っている。たとえば、序章で触れた遺骨の返還に関しては、一二条で「先住民族は……遺骨の返還に対する権利を有する」（英文ではthe right to the repatriation of their human remainsと記載され、このrepatriationは、単なるreturnとは異なり、集団の権限に基づく遺骨の返還を意味する）とされている。そのほか差別からの自由、集団の自己決定権、自治の権利、同化を強制されない権利など、国連先住民族の権利宣言の内容は多岐にわたっている。

「先住民族」とは何をさすのか

この宣言で注意しなければならない点は、宣言の中で権利の主体が、indigenous peoplesとindigenous individualsとに使い分けられていることである。和訳によるとindigenous peoplesは「先住民族」、indigenous individualsは「先住民族である個人」となっている。「先住民族である個人」という意味である indigenous individualsという言葉は、要は「個人」ということだが、「先住民族」という意味である indigenous peoplesという言葉が用いられているところは、注意して見ていかなくてはならない。たとえば遺骨返還に関する一二条では、indigenous peoplesが用いられている。和訳では「先住民族の権利」とされ、「先住民族である個人の権利」とはされていない。序章で述べた、政府のいう「祭祀承継者への遺骨返還」は個人への返還だから、この宣言一二条に反することになる。つまり宣言では遺骨返還を求める権利は個人の権利ではなくindigenous peoples＝先住民族の権利とされているのだ。ではは宣言でいうところのこのindigenous peoplesとは具体的に何をさしているのだろうか。和訳でいう「先住民族」とは何か――。

ここから少し英語の勉強のようになる。もともとpeopleには複数の意味が含まれているにもかかわらず、peoplesと複数形にしているのはなぜなのだろうか。残念ながら日本語ではpeopleもpeoples

も「先住民族」としか訳しようがないのだが、厳密には、個人が複数集まったindigenous peopleという集団が「先住民族」なのであり、このような「先住民族」が複数存在するためにindigenous peoplesと複数形で表記しているのである。つまり、和訳の「先住民族」という表現では、なんだか「民族」全体で一つの権利の主体のように思えるが、実際には「民族」の中の個々の集団であるindigenous peopleが主体なのだ。ここが検討しなければならない重要な点である。

遺骨返還の問題から見てみよう。たとえば浦河町から持ち去られたアイヌの遺骨を、杵臼《きねうす》とは全く無関係の地域のアイヌの人たちが返還を求めることができるのだろうか。答えはノーである。同じアイヌでありながら遺骨を管理していた「集団」に全く帰属していなかったアイヌの子孫は、その集団の持つ権限は行使できないはずだからだ。つまり、同じアイヌではあっても、ある地域の遺骨の返還を求めることができるのは、その地域のアイヌの子孫に限定されるのである。これまで日本では、「アイヌ民族」という言い方が当然のように使われていて、何か「アイヌ民族全体の権利」があるかのように思われてきた。しかし先住民族の権利を考える場合には、「アイヌ民族」という言い方は曖昧で不適切な言い方ということになる。アイヌの権利を考えると言った場合、その権利主体となるindigenous peopleという集団は何をさしているのか、ということを考えなければならないのだ。

以上のように国連先住民族の権利宣言では、それぞれの権利ごとまたは権限ごとにその主体は個人か集団かを見ていかなければならないし、なぜその主体に権利や権限が認められるのかをよく考える必要があるのである。

二、国際条約と国内法の整備

権利の主体はだれか?

国連先住民族の権利宣言で認められた権利は、当然アイヌの人々もその権利を主張できるはずだと思われるだろう。しかし、ことはそれほど簡単ではない。遺骨返還問題で考えてみても、返還を求めることができる主体がだれなのか、について宣言では具体的に触れていないのである。宣言の一二条を根拠にしても、依然、日本ではどのような集団が遺骨の返還を請求できるのかは全く不明なのだ。

一般に条約などの国際的取り決めは、条約の内容を取り込んだ法律を作らないと具体的な権利とまでは認められない。条約上の権利を国内の権利とするためには、国内法として具体的に整備する必要があるのである。これを「条約等の国内法化」という。もちろん、このような国際条約に署名した国は、国際的にはその条約等を実施するための国内法の整備が義務付けられている。ただ、国連先住民族の権利宣言に関していえば、国内法化に取り組んだ国は今までのところコンゴ・ボリビア・エクアドルなど数カ国にすぎず、それも宣言の一部を国内法化したに過ぎない。

では日本は国内法化されているのだろうか。実は日本は、宣言を国内法化してアイヌの人たちの集団としての、あるいは個人としての権利を制度化することに全く後ろ向きなのである(事実上拒否しているといえる)。日本政府が設置している内閣官房アイヌ総合政策室アイヌ政策推進作業部会では、遺骨問題に関して「こういう遺骨等の返還に当たっては、アメリカで言えばトライブ、集団にお返しするのが基本だが、アイヌ民族に関しては、現在トライブに相当する集団として受けるべき組織があるかということが実は大きな問題」なのだとしており、そもそも宣言で定めている権利を行使する主体としての集団が日本では存在しないかのように述べている。権利を行使する主体となるべきアイヌの集団が日本にはない——というのが日本政府の公式の見解なのだ。

国内法化がなくとも

では、国内法として整備されていなければアイヌの人たちは宣言の権利を主張したり、行使したりすることができないのだろうか。矛盾するようだが、答えはノーである。序章で述べたように実際に遺骨の返還の権限を和解手続とはいえ勝ち取っている。重要なのは、国連先住民族の権利宣言が先住民族の権利や権限を「作り出して」いるわけではない——という点を肝に銘じることである。つまり、宣言があるからアイヌの権利が認められるわけではなく、宣言は、アイヌを含めた世界の先住民族の権利を確認的に記載したものにすぎないということなのである。たしかに、日本が国連先住民族の権利宣言の内容を忠実に国内法として整備するに越したことはない。しかし、日本がそれをしないからといってアイヌの権利がないわけではなく、アイヌの人たちはさまざまな権利を日本国に認めさせることができる——ということなのである。

三、権利は勝ち取るもの

憲法九七条の意味するところ

「条約等の国内法化」がなされていなくても権利を主張できることを、日本国憲法の精神から考えてみよう。日本国憲法九七条では「この憲法が日本国民に保障する基本的人権は、人類の多年にわたる自由獲得の努力の成果」であるとし、憲法一二条は、このような基本的人権である「自由及び権利は、国民の不断の努力によって、これを保持しなければならない」としている。憲法を「押し付け憲法」などと揶揄する者もいるが、憲法に規定されている内容は、「押し付けられた」ものではなく、日本人も含む人類の多年の努力の成果なのである。その成果をこれからも保持していかなければならないと謳うことは当然のことであろう。

つまり憲法に規定されている権利や自由は、憲法によって新しく「生まれた権利や自由」なのではなく、人類の歴史の中で勝ち取ってきた成果としての権利や自由をただ文章化しただけにすぎないということなのだ。条文として書かれているから権利なのではなく、権利を勝ち取ってきたから明文化されたにすぎないということである。そのためいまは条文に書かれていなくても、これからさらにさまざまな権利を「勝ち取って」いけばよいのであり、勝ち取った権利は明文の有無にかかわらず存在するということなのである。よく言われることだが、イギリスには憲法典という文字に書かれた憲法はない。しかし人権は認められている。イギリスでは長い歴史の中で勝ち取った人権がすでに存在するので、憲法として明記して定める必要すらなかったということなのである。

同じことが国連先住民族の権利宣言にも当てはまる。この宣言は国連で長年議論されてきたが、この宣言で記載されている権利や権限は、一七世紀以降の世界の植民地支配の中で、先住する人たちの血を流す闘いの中で勝ち取り、あるいは認めさせた権利や権限なのだ。国連先住民族の権利宣言に謳われたから新しく権利として認められたということではないのだ。世界の多くの先住民族が宣言などのない時代において、先住民族の権利獲得のための不断の闘いがあったことを忘れてはならないだろう。

コタンの権限の復活

遺骨返還では、和人の家制度を前面に掲げた北海道大学や日本政府に対して、〈コタン〉というアイヌ集団の「権限」としての遺骨の管理権限を主張し、それが和解という手続きで裁判所の認めるところとなった。このアイヌの遺骨管理権限（コタンの権限）は、少なくとも江戸幕府が開かれる一七世紀初頭にはすでに認められていた。明治維新以降いわば休眠状態になっていたその権限を現代において和解によって復活させたものだといえる。

このように国連先住民族の権利宣言に記載される権利や権限は、現代において復活させ、勝ち取っていけばよいものなのである。しかしそのためには、アイヌの人たちの権利や権限は具体的には何か、それらの権利や権限を有する主体としての集団はどのような集団なのか——をアイヌの歴史にさかのぼって検討する必要があろう。

四、日本国政府の義務

コタンの権限（先住権）

先住民族（アイヌの人たち）の権利と権限というとき、本書で私は「権限」という言葉を一定の集団が有する「権利の束」の意味で使用する。たとえば国連先住民族の権利宣言ではサケの捕獲権などの自然資源に対する権利を明記しているが、これらの権利を行使するのは「集団」（グループ）である。したがって、「権利」とはこの集団が有する個々的な権利（サケ捕獲権やシカ狩猟権など）のことであり、これら「集団の権利」を集合させたものを「集団の権限」とする。つまり、その集団が持つさまざまな権利を束ねたものが権限ということである。この集団の権限は「先住権」と称されるものだ。なお英文では権利は right だが、権限のことを title と表現している。

日本政府のアイヌ政策の考え方

では、日本政府はアイヌの権利や権限、その主体としての集団について、どのような見解を持っているのだろうか。内閣官房アイヌ総合政策室アイヌ政策推進作業部会の部会長を務める常本照樹の見解が国の見解を代弁しているので、以下引用しながら政府の考えを探ることにする。

常本はまず、「いまでは日常的にアイヌ語を話している人たちも、伝統的な生活習慣を維持している人々も存在しないし、アメリカ・インディアンの保留地のようにアイヌの人々だけが固まって生活している集落なども存在しない。アイヌの血統を引く人々が比較的多く住んでいる地域はあるが、アイヌ以外の人々と隣り合って住んでいることに変わりはない」とし、結論的に「アメリカやカナダの先住民族とは異なり、アイヌ民族は強い同化政策の中で民族としての集団的なまとまりが大きく損なわれてしまったと言わざるをえない」と断定し、権限が認められるようなアイヌの集団はもはや存在しないとしている。もちろん、常本はこのような理由のほかにもアイヌに集団の権限が認められない理由として、「欧米の法体系を継受した日本では権利主体は原則として個人」とか、「日本国憲法にはアイヌ民族や先住民族の存在を前提とする規定は設けられておらず、かえって憲法は個人主義を基本とする」などの法的根拠を挙げている。

このような理由から常本は、アイヌの集団としての権限はもはや認められず、「日本における先住民族政策は個人を対象として始めなければならない」とする。そして日本政府が歴史的に「結果としてであれ打撃を加えた場合に、それによる損害を回復する強い責務を国が負う」のであり、「国がその責務によって回復すべき民族の利益」は「文化」であり、「民族の文化は、個人の人格的生存に関わる自律的選択の文脈を提供し、有為な選択を可能にするものなのであり、その文化の享有は憲法一三条によって保障されていると考えることができる」としている。この常本の考え方は、まず集団としての権限を否定したうえで、アイヌの個人の権利、しかも「文化の享有」に突出した権利のみがアイヌの個人の権利であり、これは憲法上も位置づけることができるというものである。ここでは、集団の権限を否定する根拠が「結果としてであれ打撃を加えた」明治以降の同化政策の結果であるとしている点が特異な点として注目される。

常本は、さらに日本政府の責務として、アイヌ文化の復興による民族的アイデンティティーの再生を掲げ、「山、海、川を備えた豊かな自然のなかに博物館を含むアイヌ文化教育研究施設や文化伝承施設、民族交流施設などを持つ広大な自然公園の整備、アイヌ研究の推進、アイヌ文化の継承・振興、アイヌによる土地・資源の利活用の促進、産業の振興、教育水準の向上、国民の理解促進などの政策」を挙げている。

以上のような常本の考え方は、内閣官房長官の諮問機関である「アイヌ政策のあり方に関する有識者懇談会」（二〇〇八年八月設置）の報告の内容とも合致する。前述したように日本政府は二〇二〇年までに北海道白老町に民族共生の象徴空間というテーマパークを建設するが、常本の「法理論」は、文化交流を謳ったこの象徴空間建設のイデオロギー的支柱となっている。

日本政府は、日本においてはあくまで集団の権限を有するアイヌの「集団」自体が存在しないのだから、集団としての権限を定めている国連先住民族の権利宣言を国内法化する必要はなく、個人の権利として宣言にいう文化享有権を保障すればよいのだ、という方針であることがわかる。

アイヌ集団（コタン）を壊しておきながら

日本政府の見解の一番の問題点が、アイヌの人たちにはもはや集団の権限を行使できる主体としての集団がない――としていることであることは明らかである。遺骨返還でも問題になったが、遺骨の返還先は諸外国では集団であるが、アイヌの場合はその集団（コタン）もなければ、コタンに代わる受け皿もない、ゆえに祭祀承継者に返還する――という流れになっている。

常本は前述のとおり、この集団が存在しない理由として、「強い同化政策」によって集団的なまとまりが大きく損なわれたことを挙げている。常本は日本政府が自らアイヌの人たちの権限の主体であった集団（コタン）を同化政策によって壊してきたことまでは認めているようだが、重要なのは、国自らがコタンという集団を壊しておきながら、もはやこのような集団は存在しないから集団の権限は認められない――と国自身が主張することに正当性（正義）があるのかということである。そのことについては第三章でより詳しく見ていくことにする。

日本国の義務（正義）とは何か

また、日本政府のいう「同化政策」とはアイヌを和人化するための諸政策と捉えることができるが、そもそも同化政策が行われる前に、アイヌの集団（コタン）が有していた土地・自然資源等を日本政府が一方的に奪い取ったという認識が常本＝日本政府の見解にはない。同化政策の以前に和人による蝦夷地への「侵略」が行われているのである。つまり、まず集団の権限の対象である土地や自然資源が和人によって奪われ、次にアイヌの人たちを和人化するために「強い同化政策」が推し進められたのである。たとえばサケの捕獲権に関していえば、まずアイヌ集団の独占的・排他的漁業権を奪っておいてから、その後和人漁業者と同様にサケ漁の規制（漁の時期、漁具の制限、特定河川での漁の禁止など）を加えていったということである。

つまり、常本や日本政府の考えでは、日本の蝦夷地への侵略という前提条件が隠されてしまい、明治以降、和人が蝦夷地に押し寄せてきたことが当然のような歴史観で覆われてしまっているのである。なぜ日本が蝦夷地を領有するに至ったのか、その正当性の有無からまずは明らかにし、次に同化政策の是非を明らかにしなければ、「アイヌの人たちには集団の権利を行使できる主体としての集団がないかどうか」結論付けることはできないだろう。その検証のないまま「アイヌには集団の権限を行使できる主体としての集団がない」と言ってもそれはあまりに一方的・皮相的な見解であり、正義に反するものである。国のいう、宣言に定めた「権利行使の主体がない」原因が、日本の不正義にあるのであれば、この権利の主体たるアイヌの集団を復活させることが日本政府の一番の義務にならなければならない。日本政府は、侵略行為と同化政策でアイヌの人たちから奪った集団の権限をまずは認めたうえで、主体たる集団が「ない」のであれば、そのような集団を復活させる政策をとるべきなのだ。国の態度は、明治以降の日本の違法な野蛮行為を「無かったこと」にしようとしているかのようである。

第二章　歴史から見たアイヌの法的地位

本章では、アイヌの歴史をたどりつつ、アイヌの人たちやアイヌの集団が和人とどのような法的関係にあったのか、あるいは近世におけるアイヌの法的地位とはどのようなものであったのかを考えてみる。ただその前に、この「アイヌの歴史をたどる」場合に注意しなければならないことについて触れておきたい。

一、アイヌはどのように見られてきたか

従来のアイヌ観

これまで多くのアイヌに関する本が出版されている。古くは江戸末期に書かれた松浦武四郎の紀行文などがある。近代では戦前に高倉新一郎が『アイヌ政策史』を出版している。北海道帝国大学において植民学という分野を拓いた高倉は『アイヌ政策史』において、アイヌを「遅れた民」と捉え、日本帝

国がどのようにアイヌを保護し「人道的」な政策を施すべきかについて書いている。先住するアイヌの人たちを日本帝国文明の中にどのように「導く」べきか、という高倉の視点は今日からすれば大いに問題があるが、『アイヌ政策史』には当時の歴史・経済・社会に関わる非常に多くの資料が取り上げられている点では注目に値する。

この高倉の植民学への反動かもしれないが、戦後になると、和人側の暴挙によっていかに蝦夷地のアイヌが虐げられてきたかを強調する著作が多く出てくるようになった。

法学と歴史学の立場の文献、市町村史

法学の分野では、戦前・戦後を通じてアイヌに関する文献は極端に少ない。特にアイヌの法的地位について、アイヌの歴史に沿って分析した論文・著作はほとんどないと言っても過言ではない。戦前では司法省発行の『司法研究』において、当時の札幌地方裁判所判事二名が、「北方民族の法律思想及慣習」という論文を発表しているに過ぎず、しかもこの論文でも高倉新一郎と同様にアイヌを文明から取り残された民という前提でその法的地位を論じている。北大総長を務めた中村睦男は二〇一八年二月に『アイヌ民族法制と憲法』(北海道大学出版会)という本を出した。ここではアイヌ集団の権利を憲法の枠内で検討しつつ「「先住権」の概念は、いまだ法的に明確に確立しておらず」という前提に立つことを明言している。しかしこのような考え方は国際的に認められるものではなく、日本独自の特異な「法体系」論であり、明治以降の歴史分析の上に立った科学的な立論とは言いがたい。

歴史学の分野でもアイヌの歴史を通史として取り上げ詳述した文献は多くはない。そんな中で、榎森進の『アイヌ民族の歴史』は、諸外国との関係をふまえつつ、アイヌの歴史を古代から現代へ、通史的に分析した研究として特筆すべき著作である。近世から近代にかけてのアイヌと幕藩体制に関する分析は非常に参考になり、アイヌの法的地位を分析するためには欠かせない文献といえよう。

さらに、身近な文献としては市町村が発行している各市町村史などがある。北海道の各地方におけるアイヌの生活場所などが記述されていることが多い。昭和三〇年代から五〇年代に発行された市町村史にはアイヌに対する差別的表現も多いのだが、多くの市町村史ではそもそもアイヌに触れられていないことが多く、まるで現代においてアイヌはいないかのようにまとめられている。

さまざまな文献に共通する三つの問題点

アイヌの人たちの法的な地位を和人や日本国との関係から検討しようとしたとき、このように参考文献が少ないことをどのように克服すればよいのだろうか。法学的にアイヌの地位を分析しようとしても当然ながらアイヌの法的地位は「これこれである」などという文献があるわけではない。社会学・歴史学・政治学などの関連する諸科学の学問的成果を前提に検討するほかはないのである。その際に、さまざまな文献に共通する三つの問題点（バイアス）の検討をまず行う必要がある。

さまざまな文献に共通する三つの問題点（バイアス）とは次のようなものである。

一つ目は、戦前の文献のバイアスである。戦前に出版されたアイヌに関する著述は、そのほぼすべてが同化政策を「優れた法制度」とする前提に立ち、アイヌの人々は「遅れた民」＝「大和民族優越史観」に立つものである。高倉新一郎しかり、『司法研究』の著者（判事）もまたしかり。松浦武四郎は幕末期の人間だが、和人商人によって搾取されるアイヌの悲惨な現状を訴えていた。しかし、一時期とはいえ幕府役人でもあった松浦からすれば幕府の政策を是なるものとしていたといわざるをえない。

松浦武四郎の立場

松浦武四郎に関しては、現在においてもアイヌの側から高く評価されているという面がある。全道に相当数の碑が建立されていて、江戸時代にアイヌの側に立った人物であるかのようにもいわれている。更科源蔵は松浦武四郎の『近世蝦夷人物誌』を現代訳した『アイヌ人物誌』の解題に次のように書いている。

彼は、時の為政者からは悪徳をあばく痴者として刺客をつけられたように、波荒い北海の濃霧にさえぎられた島で、日本人のあくことのない野蛮な収奪と不徳のもとで、蝦夷といわれたアイヌ民族がどのような立場におかれ、どのような仕打ちをうけていたか、彼の数十巻にのぼる旅日記にも、それらがきびしく批評され告発されている。

このような松浦武四郎の文献であるが、やはり注意が必要である。『近世蝦夷人物誌』の序文で、向山栄五郎（父は幕府役人時代の松浦武四郎の上司）は、このように書いている。

蝦夷の人々を哀れに思うのは、彼らが髪をざんばらにし、着物の襟を左前に着ているからではない。生肉を食べ、穴に住んでいるからではない。彼らの哀れなところは、君臣、父子、夫婦、長幼の人の道を、かつて誰からも教えられていないことである。

この向山の考え方に対して松浦武四郎も次のように書いている。

蝦夷を治めるのは水を治めるのと同様に、その本来の性質にしたがって正道に導くだけのことである。

ここに表れている松浦武四郎の考え方は、「正道に導く」、つまり和人の考える君臣・父子・夫婦・長幼の人の道に導くという同化政策が基本にあるのだ（「本来の性質にしたがって」とは「無理強いをせずに」〔正道に導く〕という意味と思われる）。そして実際に『近世蝦夷人物誌』（『アイヌ人物誌』）では、日本風に姿をあらためた島牧のリクニンリキ、親孝行な釧路のコトン、あるいは「皇国の民の髪形」を真っ先に取り入れ、髭を剃り落とし、髪を結び、袷を右合わせとし、さらには名前を八太郎と改めた厚岸のシリカンケなど、和人の風習や道徳観を受け入れたアイヌたちを称賛している。結局は、彼も「大和民族優越史観」、それに基づく同化政策を是とする立場（あるいは儒教的世界観）に立っていたといわざるをえないのである。

戦後研究の問題点

二つ目の問題点（バイアス）としては、特に戦後の研究において、和人商人や明治政府の非道さ、それらによるアイヌへの一方的搾取に重点を置いた研究が多いという点である。谷本晃久は「琴似又市と幕末・維新期のアイヌ社会」という講演で「こうした悲惨な側面のみを強調することが、アイヌの歴史を生き生きと描くことを困難にしているのではないか、との指摘が為され始めている」と述べている。

戦前の「大和民族優越史観」に立つ文献であっても、『アイヌ政策史』のようにそこから事実を読み取れる貴重な資料がある。また戦後の研究は、場所請負制の分析や明治政府の同化政策の集大成ともいえる旧土人保護法の分析に参考となるものがある。ただ、アイヌの法的地位を分析しようとする私のような立場からすれば、戦後の研究もアイヌが置かれている状況だけを強調する点で物足りなさを感じることがある。

アイヌの法的地位の分析は事実に基づいてなされなければならないが、この事実は、歴史学・経済学・人類学などの関連諸科学の成果としての事実でなければならない。戦前と戦後のそれぞれ逆方向からの考え方（イデオロギー）を持ったさまざまな文献から事実を探求するという作業は非常な困難を伴うものなのだが、それをしなければならないのである。

事実調査であっても慎重に

さらに三つ目の問題点（バイアス）として、著者の一定の考え方（イデオロギー）を前提としない事実調査などの記録であっても慎重にならなければならない――ということが挙げられる。少し古い文献であるが、一九三一年（昭和六年）に、河野広道が次のような指摘をしている。

現在アイヌ研究に最もよい地方は室蘭線の白老と、沙流の平取付近であるとされているが、両部落ともサルンクルに属するから、この地方だけの研究では、単にサルンクルの研究に止まり、アイヌ全体の調査とはいえない。例えばバチェラー氏の諸著書は、一般にアイヌの全般的研究であると信ぜられているようであるが、氏の調査は大部分サルンクルを基礎としたものであるからその事を念頭に置いて読まなければ誤解を生ずる恐れがある。

（『墓標の形式より見たるアイヌの諸系統』）

「サルンクル」というのは、東は静内あたりから西は室蘭あたりの地域を支配していたアイヌ集団で、複数あるアイヌ集団の一つに過ぎない。たとえば「メナシクル」（「東の人」という意味）という集団は、静内から日高山脈を越えて釧路のあたりまでを支配していた。シャクシャインの蜂起の時は、シャクシャインの率いるメナシクルとオニビシ率いるサルンクルの対立が背景にあった。後述するが、このようなアイヌ集団は現代においてアイヌ先住権を行使する主体となりうるものである。（サルンクルは、「シュムクル」「シュムンクル」とも称され、「西の人」という意味。河野はサルンクルを「沙流の人」とし、東北アイヌの流れをくむ集団と推定している。）この河野の指摘は重要である。アイヌ研究が特定の地域ごとに詳細になされればなされるほど、特定地域の研究成果があたかもアイヌ全体の研究成果と誤解されてしまうことがあるからだ。

差別問題での注意点

現代の文献についても見ておきたい。特に戦後におけるアイヌ差別に関する著作についてである。戦後多くの著作が和人によるアイヌの差別問題を取り上げている。差別の解消は戦後社会の中心的課題の一つであり、極めて法的な問題である。しかし、ここで注意が必要なのは、差別という問題にアイヌの法的問題をすべて集約してしまうことはできないということだ。

たしかにアイヌゆえに自由な結婚が妨げられる（結婚差別）とか、偏見に基づく侮蔑的言辞にさらされるなどの差別は根絶されなければならない。それは当然のことである。ただ、同時に、アイヌは和人と同じとする「平等権」の主張は、和人とアイヌが異なる法的地位に立つものであることを前提として主張されなければ、同化政策と同じことになってしまうことに注意しなくてはならない。その〝異なる法的地位〟を制度として確立しなければ真の平等はありえないのである。異なる法的地位、法的制度というのは、和人にはないアイヌの集団としての権限であり、自己決定権（主権）ということである。

平等の主張がインディアンの権限を危うくする？――サンタクララプエブロ事件

「平等権」の主張がインディアンの権限を危うくしたアメリカでの事例を紹介したい。「サンタクララプエブロ事件」である。第四章で詳述するが、アメリカではインディアンの集団である「インディアントライブ」の自律権、自主権が制度として確立していた。それが個人の平等権の主張によって脅かされた事件がサンタクララプエブロ事件で、概要は次のようなものである。

一九六〇年代にアメリカでは「黒人差別に対する市民権法」という法律ができた。マーティン・ルーサー・キング牧師がこの法律の制定の先頭に立っていたことで有名である。この市民権法が制定された後、「インディアン市民権法」という法律も制定された（一九六八年）。これはインディアン個々人の平等権をトライブ（集団）の内外において保障しようとした法律である。日本人の多くは、この法律を良い法律だと考える。しかし、多くのインディアントライブは、この法律の制定に猛反対をした。しかし結果的にインディアン市民権法は成立する。そのような状況で「サンタクララプエブロ事件」が起こった。

サンタクララプエブロというのは、ニューメキシコ州の北部にリザベーション（支配地）を持つトライブである（「リザベーション政策」については第四章参照）。このトライブでは、トライブのメンバー資格は父親がサンタクララプエブロのトライブのメンバーでなければならなかった。ジュリア・マルチネスという女性はサンタクララプエブロのインディアンであった。しかしジュリアはナバホインディアンと結婚し子供をもうけた。父親がサンタクララプエブロインディアンでない以上、トライブはジュリアの子供たちをトライブのメンバーとして認めなかった。

そこで、ジュリアは、父親がサンタクララプエブロのメンバーであればサンタクララプエブロインディアン以外の者と結婚しても、その子供たちはトライブのメンバーと認められるのに、いくら母親がサンタクララプエブロインディアンであっても、他のトライブの者と結婚すればその子供たちがトライブのメンバーとして認められないのは、男女差別であり、インディアン市民権法に反するとして、トライブを相手に訴訟を起こした。インディアン市民権法では、「いかなるトライブも、そのメンバーの法の下の平等を侵害することはできない」と規定されていた。

ジュリアは一〇〇パーセントサンタクララプエブロインディアンの血を有し、ニューメキシコの北部にあるサンタクララプエブロリザベーションで生まれ育ち、ナバホインディアンと結婚後もリザベーション内で生活し、その子供たちもリザベーション内で育った。しかし子供たちはトライブのメンバーであることを否定されたために、成人してもトライブ内の選挙やあらゆるトライブのメンバーとしての権利を否定された。

ジュリアの提起した問題はインディアン社会に大きな衝撃を与えた。ジュリアの主張していることは極めて正当な要求である。トライブのメンバーシップ（メンバー資格）の有無は、トライブ内での権利（たとえば医療保障）に直結する重大問題であった。また、合衆国憲法修正一四条が保障する平等権にも関わる問題であった。

他方で、インディアントライブにとっては、たとえ不平等なメンバーシップの規定だとしても、それを作り、変更できるのはトライブだけの権限であり、連邦裁判所がこの問題に口を出すことは、つまりメンバーシップの規定の違法・合法を裁判所が判断することは、トライブの自律権や自己決定権を侵害することになる。

連邦最高裁は一九七八年、この事件についてジュリアにはインディアン市民権法に規定する権利があっても、それに基づいて裁判所に救済を求めることはできないという判断を下した。それはトライブ内の問題であって連邦裁判所は司法審査できないとしたのである。この事件は合衆国憲法の平等権などとも関わり、またインディアントライブの主権問題とも絡む重要な事件であるが、ここではインディアントライブの自己決定権が守られたことを指摘するにとどめよう。

この事件は、インディアン集団の権限・自己決定権と個人の平等権との衝突であった。アイヌのように現状において法制度としてアイヌ集団の権限が認められていない日本では起こりえない事件とも言えるが、アイヌの個人の平等権を主張する場合には、アイヌ集団の権限・自己決定権の問題をはっきりと意識し、この集団の権限を認めた上での主張でなければならない。サンタクララプエブロ事件は、アイヌの差別問題を考えるうえでも重要な事件なのである。

また、アイヌ問題で平等という主張をするときには、アイヌと和人との違いをも明確に主張しなければ、ときに勝ち取るべき集団の権限・権利を否定することになりかねない。実際に明治になってから、「和人と平等」という理由から、それまでのアイヌの集団が有していた漁猟権や支配領域が否定されていったことがあった。あくまで和人とは異なる権利・権限を法制度として確立することを前提としなければ真の平等はありえないということをよくよく考えておかなければならない。

このような点から、従来のアイヌの法的問題を法の下の平等の問題とのみ捉える考えには注意が必要なのである。

二、江戸時代におけるアイヌの法的地位

アイヌの法的地位とは何か

アイヌの歴史は有史以前に遡る。文献上では七世紀に登場するが（『日本書紀』）、本書では専ら近世からのアイヌを検討する。それは近世における幕藩体制とアイヌとの関係に着目することが現代のアイヌの法的地位をあきらかにするために非常に有益だと考えるからである。

ところで、アイヌの法的地位とはいったい何か。第一章で述べたように国連先住民族の権利宣言は、先住民族の権利として、「集団としての権利（権限）」と「集団に属する個人としての権利」とに分けて考えている。

私がここで明らかにしたいアイヌの法的地位というのは、国連先住民族の権利宣言で述べているアイヌの「集団としての権利（権限）」についてである。アイヌの「集団に属する個人としての権利」は、この集団の権利（権限）を行使する場合の問題として、あるいは個人として尊重されるという意味において認められるが、日本でまず議論されなければならないのはアイヌの「集団としての権利（権限）」が認められるか否か、認められるとしたらその内容は何か——なのである。日本政府は、アイヌの権利はあくまで個人としての権利としており、集団としてのアイヌの権利（権限）を否定しようとしているからである。この集団としての権利（権限）というのは、たとえば集団としてのサケ捕獲権や狩猟権、採集権が存在するかどうか、先祖を慰霊する権利や遺骨返還を求める権利があるかどうか、自己決定権

をアイヌの特定の集団が保有するのか、などの問題として現れてくる。

次に、アイヌの場合において、このような権利（権限）を有している集団とは何をさすのかも重要な論点である。従来よく「アイヌ民族の権利」という言葉が使われていた。しかし権利（権限）の主体としての集団を考える場合に、「アイヌ民族」という表現はあまりに漠然としている。第一章で述べたように、アイヌの集団は複数の集団に分かれて存在し、時に集団間の戦争もしていた。このようなそれぞれの特性を持った複数の集団を、すべてまとめて「アイヌ民族」とし、「アイヌ民族の権利」を考えるというのは少し乱暴な議論なのである。

また、このような権利（権限）の主体としての集団は、集団として歴史的に存在していたものでなければならない。私は抽象的に集団の権利（権限）を夢想するのではなく、かつてのアイヌ集団が有していた権利（権限）を明らかにし、その権利（権限）が今を生きるアイヌにとっても集団の権利（権限）として存在すること、したがってその権利（権限）を復活・再生することが重要な課題であると考えている。

このようにアイヌの法的地位という問題を、アイヌの集団としての権利（権限）を中心に考えようとすると、アイヌの集団としての権利（権限）があった近世（江戸時代）以降のアイヌと和人との関係を、その歴史の中にたどることが重要になってくるのである。

徳川家康の黒印状

江戸時代におけるアイヌの法的地位は、徳川幕府および松前藩との関係で考える必要がある。徳川家康は一六〇四年（慶長九年）松前藩に対して黒印状を与え、松前藩の権益を安堵《あんど》（封建時代に権力者から権益を確認されること）した。この安堵が幕府および松前藩とアイヌとの関係を規律していた。松前藩の権益の安堵はその後も代々の徳川将軍による朱印状によって基本的に継続されていくことになる。

当時の幕府と藩の関係をもう少し見ておこう。徳川幕府は全国の各大名に土地（領地）を安堵し、その土地（領地）の安堵は「石《こく》」として米の生産高に応じた土地の範囲を示していた。伊達藩六二万石、加賀藩一〇四万石といった具合である。松前藩の地理的位置は蝦夷地という米作不可能な寒冷地のために、松前藩に対しては「石高《こくだか》」ではなく、「蝦夷地におけるアイヌとの独占的交易権」という権益を付与する内容の安堵であった。

「黒印状」というのは墨で印した文書をさし、「朱印状」というのは朱の押印がされている文書のことをさす。徳川幕府は各大名に土地（領地）を安堵する際に、「領知判物《はんもつ》」という花押《かおう》（文様化した文字、いわばサイン）が押されている文書（一〇万石以上）と、「領知朱印状」（一〇万石未満）との二通りを発行した。松前藩は実質的には一万石格とされていたので領知判物ではなく領知朱印状なのだが、家康の時代には朱印と黒印の区別が厳格ではなかったため黒印状になったといわれている。法的には朱印状も黒印状もその効果に違いはない。

徳川幕府は将軍が代わるたびに各大名に土地を安堵していたが、松前藩だけはこのような土地の安堵ではなく、極めて特殊な独占的交易権の安堵であった。そして松前藩へのこの黒印状（二代将軍秀忠からは朱印状）の内容は徳川幕府の間、基本的には保持されていた。

徳川家康の黒印状とは次のようなものである（原文は漢文）。

定《さだめ》

一、諸国より松前へ出入りの者共、志摩守に相断らずして、夷仁《いじん》と直ニ商売仕候儀、曲事《くせごと》たるべき事。

一、志摩守に断り無くして渡海せしめ、商売仕候者、急度《きっと》言上致すべき事。

附《つけたり》、夷《えぞ》の儀は何方《いずかた》へ往行候共、夷次第致すべき事。

一、夷人《いじん》に対し非分申し懸けるは、堅く停止《ちょうじ》事。

右条々若《もし》違背の輩《やから》に於いては、厳科に処すべき者也、仍件《よってくだん》の如し。

慶長九年正月廿七日　（家康黒印）

松前志摩守とのへ

（「松前家文書」、読み下し文）

この黒印状で特筆すべきことは、一条で和人に対して、松前藩（志摩守）の許可を得なければアイヌとの取引のすべてが禁止される点、二条で取引に限らず松前藩の許可がなければ商売のために蝦夷地に上陸することも禁止された点、三条で和人のアイヌに対する非法行為を禁止することが明記されている点である。徳川幕府は、松前藩の和人商船に対するアイヌ交易にかかる課税権を公認し、さらに「『諸国』より『松前』に出入りする一般和人が『夷仁《いじん》』（アイヌ）と『直に商売』することを『曲事《くせごと》』（法に背いた行為）と記して禁止し、松前氏に対するアイヌ民族との交易の独占権の公認」（榎森『アイヌ民族の歴史』）をした。アイヌ側からすると、徳川幕府がアイヌの交易の相手方を松前藩に限定することによって、アイヌが和人と自由に交易することが禁止されたことになる。アイヌはこれによってそれまで自由であった対外関係が大幅に制約されることになった。

こうしたアイヌと和人との関係を定めた「法」は豊臣秀吉の時代に始まったとされるが、アイヌ交易に関する独占権の公認は家康の黒印状が最初であった(同書)。

二条の「附」の重要性

この黒印状では、二条に「附《つけたり》　夷《えぞ》の儀は何方《いずかた》へ往行候共、夷次第致すべき事」という文言が入っている。実は、この附が江戸時代におけるアイヌの法的地位を明らかにするうえで極めて重要なのである。一般に「蝦夷のことは蝦夷任せ」あるいは「蝦夷のことは蝦夷次第」(要はアイヌの人は自由という意味)といわれる根拠がこの附条項なのである。この条項の意味について榎森は「蝦夷地が幕藩体制的規範のわく外にあることの政治的理念の表明、ないしは、幕藩体制支配がアイヌ民族に及んでいないことを幕府自らが認めたもの」(同書)と解釈している。

そして、以上の幕藩体制下における幕府・松前・アイヌの相互関係について榎森は以下のように論じている。

> 彼ら(アイヌ)は、松前藩を介して幕藩体制国家そのものと直接的な対峙関係に置かれると同時に、政治的・身分的には幕藩体制国家に従属した「野蛮人」・「化外の民」としての「蝦夷」、経済的には交易相手ないしは収奪の対象としての「蝦夷」として位置づけられたのである。

（『アイヌ民族の歴史』）

つまり、アイヌは松前藩に対しては経済的収奪の対象とされながらも、「化外《けがい》の民」として幕藩体制の支配外に置かれ、幕府と対峙する関係にあった、ということである。「対峙する関係」というのは、上下関係ではなく対立する関係ということである。まさに「蝦夷のことは蝦夷任せ」ということで、上下関係ではないのである。

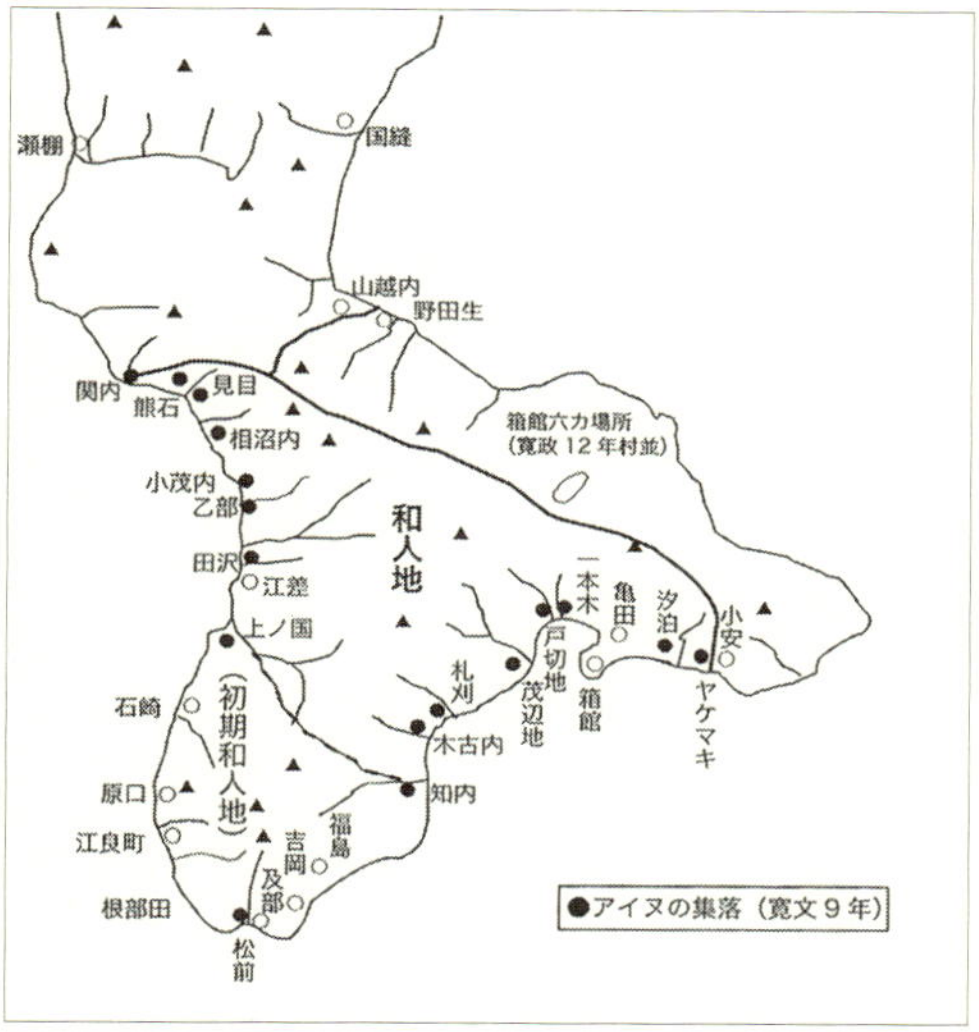

和人地の範囲（出典：榎森進『アイヌ民族の歴史』草風館、2015年）

では、このように黒印状によって徳川幕府が松前藩に独占的交易権を付与した結果、アイヌ社会はどのように変化したのだろうか。まず、和人が居住できる和人地とそれ以外のアイヌが居住する蝦夷地の地域が明確に区分された。蝦夷地に自由に和人が出入りしては松前藩への独占的交易権は無意味になるからである。和人地は、松前を中心として渡島半島の南東部に留まる（幕末にはやや広がり八雲あたりまでが「村並」とされ和人との雑居が認められた）狭い範囲でしかなかった。また和人地と蝦夷地との境界には番所を設置して、アイヌと一般和人の往来を厳しく取り締まった。言葉も和人はアイヌ語を話すことを禁止された。会話が自由に成り立つと交易も自由に行われかねないからである。これらの規制はアイヌ側にも及んだ。つまり、それまで東北方面（南部藩など）と自由に交易していたアイヌは、松前藩とのみしか交易を行うことができなくなり、アイヌは勝手に和人地に入ることも、アイヌが和人の言葉を自由に話すこともできなくなった。

このように江戸幕藩体制の外にアイヌ社会を置くことによって、松前藩の独占的交易権の安堵という制度を維持しようとしたのが近世における幕府の蝦夷地政策であった。

アイヌを「異域」にとどめ「化外の民」としたことについて榎森は、ただ単に松前藩の独占的交易権の保障という側面からだけでなく、幕府の基本的対外政策の一つとして次のように積極的に位置づけている。

こうした体制は松前藩の再生産構造（蝦夷地交易の独占権―引用者注）と密接不可分なものとして成立していたのみならず、他方で、長崎（幕府直轄地）―オランダ船・中国船、島津氏（薩摩藩）―琉球、宗氏（対馬藩）―朝鮮、松前氏（松前藩）―蝦夷地（アイヌ民族）といういわゆる「鎖国」制下の「四つの口」を媒介にした異国・異域（異民族）との対外関係を軸とした日本型華夷秩序の一環として組み込まれていたということである。

（『アイヌ民族の歴史』）

アイヌを「異国・異域（異民族）」とした幕府

幕府は、「鎖国」制をとったといわれているものの、実際は長崎・対馬・琉球、そして蝦夷地を通じて対外的な交易を行っていた。そうした交易によって幕府は利益を得ることができた。長崎・対馬・琉球・蝦夷地を通じて交易を行うためにはそれらの地域を閉鎖された「和国」としてではなく、開かれた「異国・異域（異民族）」としておかなければならなかった。「和国」はその「異国・異域（異民族）」を支配することによって交易体制を維持していた。榎森はこれを「日本型華夷秩序」といえるものを構築した――とする。そしてこの、アイヌを「異国・異域（異民族）」としたうえでの幕府による「支配関係」は幕末まで継続した。

ところで、この松前藩の対アイヌとの独占的交易は、当初、松前藩の上級家臣に対して、蝦夷地の「場所」という交易場所（商場《あきないば》 trading posts）でのアイヌと交易する権利を知行としてあてがう形で営まれていた。幕藩体制の後半ではこの場所での交易を、家臣の知行としてではなく、現代風にいうと「民営化」して特定の商人に請け負わせる体制に変化していた。営利を大目的とする商人が主体となるこの場所請負制が、交易相手であるアイヌへの極端な搾取・収奪へとつながっていったことは当然の結果であった。

また、アイヌの人たちの交易が松前藩との交易に制限されるといっても、全体のアイヌ社会からみれば千島列島や樺太を通じてロシア・朝鮮・中国とも交易ができた。そのため現在でいう道北・道東のアイヌたちは比較的自由にロシア・中国などと交易をしていたと考えられる。「蝦夷錦《えぞにしき》」と称される中国などの織物は、松前藩の貴重な交易品であった。南の長崎・琉球と並んで北の蝦夷地は海外貿易の重要拠点であったと考えられる（『アイヌ民族の歴史』）。

次に、黒印状で、もっとも重要と思われる「附」についてさらに考えてみる。

「附」の意味とは

この「附《つけたり》」にはどのような意味があったのだろうか。

文言としては「何方《いずかた》へ往行候共、夷次第（どこへ行くのもアイヌ次第）」と書かれているが、これは単に行動の自由、旅行の自由のみを明記したものではない。榎森は、幕府も松前藩も「化外の民」（幕藩体制の支配外の意味）であるアイヌには「個別的直接的人的支配政策や課税を実施しなかった」としている。江戸時代中期の儒学者であった松宮観山（一六八六―一七八〇）は、「蝦夷談筆記」という文書に、アイヌについて「蝦夷地年貢収納かつてこれなく」と記載している。

つまり幕藩体制下におけるアイヌは、一方で交易の相手方を松前藩に限定されながらも、他方では本土の和人のように人別帳《にんべつちょう》に記載され、移動を制限されたり、課税されたり、賦役《ふえき》を課されたりすることはなかったのである。和人のように農地に縛り付けられることもなく、年貢などの課税もされることもなかった。人別帳に記載されないということは人別帳から外されて無宿人となって役人に追われることもなかったということである。法的には、アイヌ社会は幕藩体制からは全く自由であったということになる。

東北のアイヌの状況との違い

蝦夷地以外のアイヌの人々はどうであったのだろう。東北のアイヌの状況を見てみよう。

東北北部（津軽半島〔弘前藩〕、下北半島〔南部藩、文化五年に南部藩は盛岡藩と改称〕）のアイヌたちは、江戸時代当初は、蝦夷地のアイヌたちと同じように、河川と海での漁労、山野での狩猟・採集を行いつつ、副次的に居住地周辺での畑作を行っていたと考えられている。しかし、蝦夷地のアイヌとはまったく異なって、彼らは東北の諸藩にとっての「交易の相手」ではなかった。そのため、蝦夷地のアイヌと違って河川でのサケ漁などの権利も奪われていた。榎森によれば「弘前藩領と盛岡藩領のアイヌ民族は、アイヌ民族本来の生業や生活を行うことが早期に不可能になり、彼等の主たる生業は、和人の漁民や商人と殆ど変らない海での漁業や海獣狩猟・廻漕業および畑作農業（その多くは焼き畑農業）へと大きな変容を遂げていった」（『アイヌ民族の歴史』）。

ただ、弘前藩では、和人とアイヌが同じ集落に居住しつつも和人地区とアイヌ地区は分けられ、藩は和人の百姓から「米」を徴収し、これをアイヌへ与えるなどしていた。一八世紀中頃に藩財政が逼迫したことから、アイヌは人別帳に編入され「新たに『百姓』としての負担を義務付け、そのことによって藩財政の負担を軽減しようとし」た（同書）。その後一九世紀初頭には、対ロシア関係の緊張のもと、「アイヌを残らず和人と同じ扱いをするという同化策」（同書）がとられるようになった。

津軽海峡の南側では、あくまで一つの藩内の「異民族」でしかなかったために、アイヌの権利はそもそも否定され、アイヌの生活は藩の政策によって簡単に脅かされていったのである。

これに対して蝦夷地での幕藩体制下におけるアイヌ社会は、交易の相手方が松前藩に限られるという対外的側面において制約があったものの、「蝦夷のことは蝦夷任せ」というように、幕藩体制の支配がアイヌに対して、直接的・個別的には及ばないという法的関係が基本的には幕末まで継続していた。

しかし一八世紀末から幕末にかけて、幕府によってアイヌ社会への政治的・経済的な支配が強くなる。次にこの一八世紀末からの状況について考えてみたい。

幕府直轄政策によるアイヌへの支配強化

一七九九年（寛政一一年）に、蝦夷地を幕府の直轄領とする最初の時代があった。蝦夷地の幕府直轄政策は、一七九二年（寛政四年）のロシア船の根室入港や一七九六年（寛政八年）のイギリス船の虻田来航などを契機に幕府の対外政策として行われた。しかし外国船の来航などがなくなると、幕府の蝦夷地直轄政策はゆるみ、一八二一年（文政四年）に蝦夷地の〝支配者〟として松前藩が復領する。そして、その後の一八五五年（安政二年）に、箱館開港を契機に蝦夷地は再度幕府の直轄領になった。

幕府直轄下の政治的支配

幕府が蝦夷地を直轄にしたのは主に対ロシア対策であったと言われているので、当時のロシア等の外国と幕府との関係から考えてみる（高倉『新北海道史』）。

ロシアは一八世紀に入るとシベリア・カムチャツカを経て千島列島に到達する。一七六八年にはウルップ島・エトロフ島でアイヌとラッコの交易をしていた。ロシアの南下は、千島列島のアイヌへの同化政策を伴っていた。ロシア語の普及やロシア正教に入信するアイヌもいた。また、ロシアはたびたび幕府に対し開港を要求してきた。一七八七年にはフランスが沿海州や樺太を探検し、宗谷海峡を発見した。イギリスも調査に来ていた。

幕府はこのようなロシアなどの外国の勢力による蝦夷地への侵攻を防ぐため、一七九九年、浦河から知床半島までを松前藩からの仮上地《かりあげち》（上地《あげち》〔上知〕とは土地を取り上げること）として幕府直轄地とした。そして八王子千人同心らを派遣して屯田兵とした。さらに一八〇七年（文化四年）、松前藩を陸奥国に移封し、幕府が全蝦夷地を直接に支配する政策をとった。

このとき、幕府によるアイヌ同化政策が始まった。榎森はこの事態を、それまで「「異域」として位置づけられてきた「蝦夷地」は、「異域」から一挙に「内国」化されるに至った」（『アイヌ民族の歴史』）と指摘している。

幕府はそのときアイヌに対して三カ条の掟を作った。

一、邪宗門にしたがふ者、外国人にしたしむもの、其罪おもかるべし
一、人を殺したる者は皆死罪たるべし
一、人に疵《きず》つけ、又は盗するものは、其程に応じ咎あるべし

（「休明光記」附録巻之一）

次に、アイヌに対して和語の使用、和人的な名への改名、風俗の改めなどの同化政策をとった。さらにアイヌの首長を松前奉行（長崎奉行に準じた）のところに挨拶に来させ、御目見《おめみえ》を強制した。

この幕府直轄時代の幕府とアイヌとの法的関係をどう見たらよいのだろうか。榎森はこの関係を、第一にアイヌに対する風俗の改めなどの同化政策がロシアと接したエトロフ島で最も積極的に行われていたこと、第二に蝦夷地は幕領化されたといっても従来からの「蝦夷地」と「和人地」の地域区分体

制は全く変更していないこと、第三に松前藩政期と同様に「アイヌに対する個別直接的人身支配策や課税を実施しなかったこと」であると指摘する。こうした内実からすれば、幕府直轄とは「対ロシア関係を強く意識した上での「蝦夷地」の内国化を装飾するための政策」であり、「文字通りの内国化＝和人地化というものからは程遠い」、「あくまでも外に向けての形式上の「内国」化にすぎ」ないということになる（同書）。

また、榎森は前述した「日本型華夷秩序」という視点からも、「幕藩体制国家が存続する限り、そこには自ずから限界があった。幕藩体制国家の対外編成のあり方との関わりから、たとえ「蝦夷地」の性格やアイヌ民族の位置づけが変容しつつあったとはいえ、幕藩体制国家の華夷編成上、幕藩体制国家が支配する「異域」としての「蝦夷地」や「化外の民」としてのアイヌ民族の存在それ自体が幕藩体制国家にとって不可欠なものであったからである」（同書）とする。

このような歴史分析からすれば、アイヌ社会に対する幕府の政治的な支配は強まっていたとはいえ、アイヌの法的地位それ自体は大きな変化は受けていなかったと評価すべきものと私は考えている。

なお、その後一八二一年（文政四年）に松前藩は復領するものの、幕府は一八五五年（安政二年）、木古内《きこない》から東と乙部《おとべ》以北を再び上地し、幕府の再直轄地とした。これはロシアのプチャーチン提督による開国要求（一八五三年）や千島列島での境界問題があったためと思われる。しかし、再直轄下のもとでも幕府とアイヌ社会との関係は基本的には同様であった。

幕府直轄下の経済的支配――場所請負制度

蝦夷地の幕府直轄に伴いアイヌに対する和人の経済的支配の関係も大きく変わる。それは、松前藩がとっていた「家臣に対して知行として場所を与えていた制度」から「場所請負制」という「商人へ場所を請け負わす制度」へ変容したことである。

松前藩は家臣に対して商場を知行として与えた（商場知行制《あきないばちぎょうせい》）。この知行制というのは、藩主と家臣との関係を規律するもので内部的な法制度である。通常の大名は幕府から安堵《あんど》された「石《こく》」をさらに一部の家臣に「石」として知行させていた。また、それ以外の家臣（主に下級武士など）は、俸禄《ほうろく》という「扶持米《ふちまい》」（あるいは給与）が支給された。しかし、徳川幕府から「石」として領土を安堵されたわけではない松前藩主は、家臣に対して知行地としての「石」を保障することはできず、「場所」という交易場所での交易権を保障することで「石」に代えていた。これが「商場知行制」である。

商場知行制の変化――商人による場所経営

松前藩の家臣が知行として交易場所を保障された場合（商場知行制）でも、結局はアイヌとの交易品を売り捌《さば》くための流通ルートや販売先を確保し、実際に販売しなければならない。そこで、商人の存在が必要となった。このような商人は交易品を買い受けて京・大坂・江戸などへ運搬するだけでなく、本来知行を与えられていた家臣・藩主がやるべき交易場所の経営の実務も任されるようになり、家臣たちは商人から運上金《うんじょうきん》（税）を受け取るようになった。

このように場所経営が商人に委ねられるようになると、経済的利益を最優先する商人により、交易相手であったアイヌが経済的搾取の対象となることは必然であった。最も典型的であったのは米の交換比率であった。アイヌ交易は米を基準に取り引きされていたが、アイヌ交易用の米俵（「夷俵《えぞだわら》」と称された）は一般の俵の半分しかなく、しかもその値段は夷俵一俵がサケ一〇〇本であった。その後夷俵は一般の米俵の四分の一にも下がった（『アイヌ民族の歴史』）。

このような商場知行制のもとで経済活動の主体が商人に委ねられるようになった時期について、高倉は「従来藩なり知行主があたっていた場所経営の実務を商人に任せて、税の形で収入を確保」することを「場所請負制」と定義し、その時期を享保年間（一七一六年以降）には確立していたとしている（『新北海道史』）。高倉は、場所経営の実務が商人に委ねられることを「場所請負制」とするが、本書では場所経営が商人に任されることと知行のあり方の問題とは分けて考え、「場所請負制」という言葉はあくまで知行制が廃止された後の制度として考えることとする。

商場知行制から場所請負制へ

その後、松前藩の商場知行制が廃止され、すべての場所が商人の手に委ねられる場所請負制が確立する。その時期はいつ頃になるのだろうか。

それは幕府の蝦夷地直轄と無関係ではなかった。幕府の制度では基本的に旗本や御家人は江戸に在住し、幕府から米や現金を俸禄としてもらっていた。「三両一人扶持《さんりょういちにんぶち》」という言葉がある。これは知行地を持たない御家人の最低限の給与（サラリー）のことをさしている。もちろん一部には知行地を与えられた旗本（知行取り）もいたことはいたが、多くは俸禄を得ていた。蝦夷地を幕府が直轄したからといって旗本や御家人などに知行地が与えられるわけではなかったのだ。幕府は蝦夷地内の場所の経営をすべて場所請負人に任せ、そこからの利益（運上金）を直接幕府が受け取り、幕臣に対して知行制という制度をとらなかった。この時点で、法制度としての商場知行制がなくなり、場所はすべて商人に請け負わせる制度である場所請負制が成立する。そして松前藩が復領したときにこの場所請負制を松前藩は継承し、かつての商場知行制をとらなかった。商人がこうした場所請負制によって大きな力を持つようになると、アイヌへの収奪も激しさを増すことになった。そのことは次項で述べることにして、ここでは最後に以下のようにまとめておこう。

アイヌとの独占的・排他的交易権を幕府から保障された松前藩は、そのアイヌとの交易や交易場所の運営を徐々に商人に委ねるようになった。その時期は高倉によると享保年間（一七一六年以降）である。以後商人がアイヌとの交易の実権を握るとアイヌからの搾取・収奪が激しくなり、アイヌへの経済的支配が強まった。幕府の蝦夷地直轄によって、すべての場所の運営やアイヌとの交易を商人が一手に握り、知行制ではない場所請負制が始まると、そのアイヌへの収奪はそれまでにない苛酷なものとなっていった。

商人によるアイヌのいっそうの収奪

松前藩は復領後、商場知行制をとらず、蝦夷地内のすべての場所の経営を場所請負人に請け負わせた。「しかも場所請負人に場所内での漁業経営を初めアイヌ民族との交易をも請け負わせたのみならず、本来松前藩が行うべき行政的な仕事まで場所請負人に代行させるに至った」（『アイヌ民族の歴史』）。

この結果、「蝦夷地内の各場所は、場所請負人による場所内のアイヌ民族に対する横暴な支配と収奪の場と化して」（同書）いった。アイヌは交易の相手方から場所請負人が支配する漁場の労働者として、また「道路の開発・荷物継走の人夫、駅伝のための馬子、渡船場の渡し守、渡海場の水夫、（中略）会所・運上屋・番屋の雑役等、公私両面のありとあらゆる労働に駆り出されることとなった」（同書）。場所請負人はこの労働力の管理のために私的ながらも人別帳まで作っていた。このように管理され労働に駆り出されたアイヌはほぼ無報酬で場所請負人によって酷使された。

さらにアイヌの強制連行も行われた。松浦武四郎の現代訳『アイヌ人物誌』などを読むと、場所請負人によって若い男女が強制連行されアイヌコタン（集落）に若いアイヌがいないことや、連れ去られたアイヌ女性が和人に凌辱され、妾《めかけ》にされている状況などについて詳述されている。さらに松浦武四郎の『廻浦日記』には強制連行の状況がより具体的に、たとえば次のように記載されている（安政三年八月二五日の日記より）。

扨《かつて》此処《ここ》は、鮭・鱒・鯡共に多く有て、其手配さへ能致し備へなば、相応の漁事も有る処なるに、足腰の立稼働るる丈の者は皆ソウヤえ連行、リイリシへ遣し、二年三年は稀疎《オロソカ》也、チセエシヤマ、アチヤンベ、ヱナウシヤウツ、シノチ等四年振にて帰り来し等、カムイウシ、ユクヱは五ケ年振、ヱノイヱ、モルレタは六年振にて此度人足へ付帰り来りしと聞。此度故郷の親類に面を逢はしたるが、其容貌を互に忘るる斗なりしと。それも只此処にて一夜泊り、明日は滞留さへなくば直にシヤリまで行、直に帰り来り、またソウヤへ遣らるるよし申しけるが、如何にも此の如き様にては人の増事は以の外、人口の日々減損する事宜《むべ》なり。また其もの共は何れも相応の年頃になるに、嫁もとられずソウヤへとられ居て日々追遣はるる事、耳目の当らるべきにあらず。

ここには、本来資源が豊かなコタンであったにもかかわらず、働ける者はすべて宗谷《そうや》場所や利尻《りしり》場所に連行され、たまたま四年振り、五年振り、六年振りにコタンに帰ってきたと思ったら、翌日には斜里《しゃり》へ往復し、そのまままた宗谷場所に行かなければならない、人が減るのも仕方ない、ということが記されている。松浦武四郎の日記は膨大な量があり、幕末のアイヌの状況については特に海岸部など商人が支配していた地域の状況について詳しく書かれていて、商人によるアイヌの経済的収奪の激しさがわかる。

このように一九世紀初頭からの幕府の蝦夷地直轄、その後の松前藩の復領によって、場所請負人という商人によるアイヌへの経済的・社会的収奪は過去に類を見ないほど過酷なものとなっていった。ただ、幕府による政治的支配の評価と同じように、このことから直ちにアイヌの法的地位に変更が生じたと見るべきではない。なぜなら、依然として、後述する蝦夷地におけるアイヌコタンの独占的・排他的漁業権は保持されていたからである。たとえば「イサリ・ムイサリ事件」は、石狩アイヌと勇払アイヌの千歳川支流のイサリ・ムイサリ川を巡る漁業権の争いだが、幕府直轄期の前後の時期に争われ、最終的には復領した松前藩が、どちらが独占的漁業権を有するかをアイヌの慣習を適用して調停した。また、前述したように個別的直接的支配や松前藩によるアイヌへの課税もなかったからである。

このように、幕藩体制の後期になるにしたがってアイヌへの経済的・政治的支配は強化されていったものの、江戸時代を通して依然として大きな変化を受けなかったものは「蝦夷任せ」とされるアイヌ社会の自律性であった。この自律性は保持されていたのである。次にこの自律性を保持したアイヌ社会内部について見ていきたい。

江戸期におけるアイヌ社会――主権主体としてのコタン

幕藩体制下において「蝦夷任せ」「化外《けがい》の民」とされたアイヌの蝦夷地内における社会生活を見てみよう。アイヌの法的地位のうち対外的な地位としては、交易相手が松前藩に限定され、江戸時代後半では政治的・経済的に和人の従属下におかれていたことは既述した。では対内的にはアイヌ社会はどのような法的な性格を持っていたのだろうか。残念ながら、この時期におけるアイヌの対内的な制度や権利などについてわかる資料はあまりない。江戸時代は「有史以前」の「原始時代」であるかのように、「昔は……であった」と記述されている程度の資料しかないのである。

それでもたとえば、高倉は『アイヌ政策史』において、江戸時代のアイヌの経済生活・社会組織・社会統制などについて比較的よくまとめている。また、江戸時代に直接言及したものではないが、明治になって政府がアイヌ社会を調査した記録があり、それによって江戸時代の様子をうかがい知ることができる。

さらに、ジョン・バチェラーは、一九二七年（昭和二年）に『アイヌの暮らしと伝承』（*AINU LIFE AND LORE*）という著作を著し、その第六章の「村社会」でかなり具体的なアイヌ社会の様子を記している。

『北海道旧土人』という文献

一九一一年（明治四四年）七月に北海道庁（当時、地方自治制度はないので、ここでは明治政府と同様に考えてよい）は、『北海道旧土人』という文献をまとめている。ここでいう「旧土人」とはアイヌのことである。明治政府は、アイヌをもともとは「土人」とし、同化政策によって土人ではなくなったので、古くは土人であった――つまり「旧土人」と称した。江戸時代は「夷」などと称していたが、欧米人を「夷人」と称するようになったため、アイヌを「夷」から「土人」と表記するようになったといわれている。もちろん、現代では「土人」も「旧土人」も差別語であるが、本書では引用する部分についてはこの表現をそのまま使用することにする。

北海道庁によるこの『北海道旧土人』では、往時における旧土人部落の組織、酋長と部民との関係、制裁等の社会的状態などの江戸時代のアイヌコタンの様子について次のようにまとめている。

〈コタンについて〉

・「アイヌは数戸或は数十戸団結して部落を成し、各所に散居す」

つまり、アイヌは数戸ないし数十戸をもって集落（コタン）を形成し、蝦夷地内に散居していたとされている。

・「松前氏統轄の頃は各部落に酋長あり。これを乙名と称し、其の下に小使及び土産取なるものありて、之を補佐せり」

つまり、各コタンには長がいて、「小使及び土産取」と称する補佐役がいた。

〈コタンの権限〉

・「酋長の職務は部落を統率し漁猟に部民を指揮し婚姻葬祭の禮に興り、ふん諍を仲裁し、外に対しては部民を代表して種々の交渉に當り闘争には其の指揮者となれり」

これは長の権限についての記述で、かなり広範に各コタンの内部的・外部的な代表者として位置づけられている。そして、これらの長の権限はコタンの権限を代表していたということである。コタンの長に代表されるコタンの権限は、コタンごとの漁猟権や冠婚葬祭の権限、紛争仲裁の権限などに及んでいたことがわかる。またコタンの長は対外的にコタン間の交渉にあたり、コタン間の闘争（戦争）では指揮権（いわば統師権）を有していたことになる。

コタンの権限——裁判権

このコタンの権限のうち特に裁判権について見てみよう。北海道庁が「ふん諍を仲裁」と記述している権限のことである。

コタン内における裁判権については次のように記されている。

罪悪を裁判するは衆人の前に於いてし、決して之を秘密に行わず、而して罪人が容易にその罪に服すれば格別否らざれば熱湯中に石を入れてこれを探らしめ、或は掌上に草葉を置き其の上に火を載せて之を握らしめ、或は冷水の多量を飲ましめ、無事なれば以って無罪とし、損傷すれば以って有罪とすこれは各コタンにおいて刑事訴訟手続きが行われていたことを示している。興味深いのは、刑事裁判は公開法廷でなければならないことである。また、

又二人相争ひて決せざる場合はウカリと称し一定の式により杖（夷名シュト）を以って交互相打たしめ、或はチャランケと称し互に論争せしめその勝敗によりて罪の有無を決し

ともある。ここには「罪」とあるが、内容的には民事訴訟手続きと思われ、この民事訴訟手続きも各コタンで行われていた。

刑事罰に関しては、

処刑の法は寶物を出して罪を償わしむるを普通とす。その他鼻又は耳を殺ぎ或は足の筋を断ち或は髪を剃り髭を抜く等の法あり、死刑は殆ど之を行わず

とあって、刑事罰についてコタン内に一定の法規範があったことを認めている。ここでも興味深いのは、刑事事件であっても加害者が被害者に賠償することによって終了することが通常であったこと、死刑制度はほとんどなかったことなどである。また、「髪を剃り髭を抜く」というのは極めて屈辱的な刑で、いわば名誉を奪う刑といえるものだ。

また「チャランケ」というのは議論、「ツクナイ」とは賠償のことである。アイヌ社会における訴訟手

続きは、公開の場においてコタンの長が中心となって民事・刑事手続きが行われていたことになるのだが、このような手続きがあったということは、前提としての実体法、つまり民事法・刑事法も存在し、適用されていたということを意味している。刑事事件は賠償で解決していたらしく、また、死刑が行われていなかったなど、現代から見ても先進的な法制度を有していたと評することができる。

こうしたアイヌの裁判について、高倉は「両者相争う時には双方の抗弁が行われた。是をチャランケと言い、勝敗の決しない際には双方何れかが斃れる迄懸架の弁を振って止まず（中略）しかし多くの場合は酋長若しくは長老が是に立会い、其の当否を裁断し、若しくは和解せしめた」「裁判はすべて公開し、集まった長老が同意しない限り裁判は無効であった」（『アイヌ政策史』）としている。

このようなコタンで実際に行われていた裁判手続きは、江戸時代だけでなく明治時代になっても各地で行われていた。一九一一年（明治四四年）の「北海道旧土人」では「開拓使以後と雖も彼等は全く旧慣を廃すること能はず、私にチャランケを行ひ、ツクナイを取ること珍しとせず。稀にはウカリをも行なうことあり」と記述されている。明治以降も各コタン内において訴訟が行われていたのである。

明治以降の同化政策にもかかわらず、大正年間においても独自に裁判を行っていたコタンが存在していた。一九二二年（大正一一年）に北海道庁が行った「旧土人に関する調査」においても、たとえば平取《びらとり》では裁判について「現在に於いては之を行なうこと稀なり」と稀には裁判が行われていることを示しており、門別《もんべつ》では「旧土人特有の制裁を用いることなきにあらず」と記述されているから、そのような制裁が行われていたことがうかがえる。三石《みついし》の幌毛《ほろけ》では「近時酋長と定むるものなく、したがって部落の裁判は凡て年長者其の権を執りて善悪を判定す」とあり、依然として訴訟が行われていたことがわかる。ただ、大正年間に入ると長はいなくなり、長老会議が代わって行っていたと思われる。

コタンの権限――漁業権・狩猟権

ここまでコタンの権限の中の裁判権について見てきた。では裁判権以外の、たとえば漁業権・狩猟権はどういう内容であったのだろうか。高倉は『アイヌ政策史』の中で、漁猟区については次のように記している。

「部落若しくは部落集団は共有の漁猟区を持っていて、団員は是を自由に使用し得たが、団員以外の者が無断で闖入狩猟することは是を禁じ、若しも是を犯したものがあれば贖罪が要求された」

「アイヌの部落間の争は概ねこの漁猟区の争であった」

江戸時代、各コタンが独占的漁業権や狩猟権を一定の範囲の圏内で有していた。これらの範囲は「イオル」と称されていた。つまり各コタンは「イオル」と呼ばれる特定の支配領域内において、コタンという集団が独占的・排他的に漁業や狩猟という自然資源への権限を有していて、そのコタンの構成員はそのイオル内では自由に漁業・狩猟ができたことを認め、半面では他のコタンの構成員は漁猟・狩猟を禁じられ、もしこれを犯せばコタン間の戦争になりかねなかったのである。

バチェラーの見たコタンの権限

ジョン・バチェラーの記述も非常に参考になる。バチェラーは、コタンについて「一つ一つの村社会は小さな独立国家に似た集団を形成する」とし「村の長老たちが集まって、村人のために必要な様々の用務を執行する一人の首長と二人の副首長を選んだ。女性たちもそこに出席していた」としている。また「首長および代行者の副首長は、葬儀が行われる時には故人の埋葬を手伝い、婚礼の際には当人たちの誓いに同意を与え」「狩りで手に入れた鳥獣の肉や、川や海で獲れた魚を分配する時にも立ち会った」とされている（『アイヌの暮らしと伝承』）。

また、「首長たちは村人と相談して掟を作り、これを破るものは裁いた」としたうえで、「このような裁判は、私がこの地で暮らし始めた頃でも未だひそかに行われていた」と記述している（同書）。バチェラーは一八七七年（明治一〇年）から一九四一年（昭和一六年）にかけて北海道にいたが、滞在中にコタンで訴訟を行っていた事実を見聞していたのである。

コタンの権限のまとめ

以上をまとめると次のようにいうことができる。「化外の民」とされたアイヌは、蝦夷地内でコタンと呼ばれる集団を数戸から数十戸をもって形成し、これらコタンは蝦夷地内に広く「散在」していた。これらの各コタンは特定の漁業・狩猟等の区域を有し、コタン構成員のみがその自然資源を享受することができ、またコタンでは、独自の民事・刑事の訴訟まで行われていた――。

この分析は、明治から大正にかけての北海道庁の調査や高倉、バチェラーなどの記述をもとにしている。ただ、戦後において北海道の作成した『新北海道史』でも同様の記述がある。つまり公的には、これらの法的事実関係は認められているのである。たとえば、『新北海道史』には、「前時代（江戸時代のこと）には、簡単な原則的な法律以外は全部アイヌの慣習法に一任され」（第三巻通説二、八八三ページ）、土地や自然資源に関しては「アイヌには、部落もしくは部落群の共同利用に供され、その管理処分は部落を代表して酋長の手中にあった一定の漁猟区域があって《ママ》、他の団体に対して排他的な権利を持っていた」(同、八八六ページ)と記述されている。

主権主体としてのコタンの存在

以上のことから権限主体としてのコタンについて次のようにいうことができる。

江戸時代のアイヌは、徳川幕府によって、交易の相手方を松前藩に限定されるという対外的な制約を受けた。またこの対外的な制約は、一九世紀に入ってからの商人による激しい経済的収奪のもとで経済的支配が強化され、また政治的にもアイヌは幕藩体制下で従属的地位に立たされた。しかし対内的には、アイヌは幕府や松前藩による直接の法的制約を受けることなくコタンの長をトップにして自由な意思決定を行っており、この自由な意思決定は一定の法規範をもって規律され、かつコタン内において強制力を有していた。

このように特定の集団が一定の土地の範囲を独占的・排他的に支配し、その中で自らの法によって規律している集団を一般には「主権団体」と称している。ジョン・バチェラーが「小さな独立国家に似た集団」と称したのは当然のことであった。つまり、江戸時代において蝦夷地に散在していた各コタンは、それぞれが「主権団体」として法的には評価されなければならないのである。各コタンは自律した存在として、それぞれのコタンという集団内に独自の法が適用され、執行された社会であり、またコタンの支配領域内の自然資源や土地は独占的・排他的にコタンに占有(所有)され、コタンの構成員のみがコタンの法にしたがって享受できた。万一、他のコタンの人間がこの法を破って侵入すれば、「闘争」――つまり戦争になった。もちろん、このコタン内あるいはコタン間で適用される法は当然ながら古くからの慣習による法（慣習法）であった。

このコタンの権限は、黒印状によって交易相手が松前藩に制限されたことによって、和人との自由な交易が妨げられ、政治的・経済的に従属的地位に立たされるというその限度で対外的主権は制限された。しかし対内的には各コタンによる自由な意思決定が保持されていた。そういう意味から対内的主権は維持され、それが明治になるまで存在したと法的には評価することができる。

では、従来から論じられてきた和人による経済的搾取（あるいは政治的支配）を受けてきたアイヌの人々とこの主権団体というアイヌ集団の位置付けは矛盾することなく両立するのだろうか。答えは、イエスである。経済的に支配関係にあっても、また政治的にも一定の制約があったとしても、法的には独立した主権国家であったことに疑いの余地はない。現代の日本が、「政治的・経済的にはアメリカに従属していながら独立国である」と言われることに似ていよう。

たしかに、場所請負制のもとで、アイヌの人たちが強制連行されたり、経済的に貧窮したり、和人に奴隷のように扱われたり、ということは多くの研究で明らかにされている。しかしそれでもなお各コタンは自己決定権を有する主権団体として存在し続けた――その事実が非常に重要なのである。

第三章　明治政府によるコタンへの侵略

第二章で見てきたような江戸時代までのアイヌの法的地位は、明治維新後にどのように変容したのだろうか。第三章ではそのことについて考えてみたい。なお、本書では「明治政府」とその北海道開拓に特化した官庁である「開拓使」を同義として使用する。

一、国際法を無視した明治政府

明治政府にとっての蝦夷地とは

幕藩体制は明治維新によって瓦解した。幕藩体制下において「蝦夷のことは蝦夷任せ」「蝦夷のことは蝦夷次第」とされ、各コタンの自己決定権が認められ、「イオル」という各コタンの支配領域を有していたアイヌは、明治政府との関係ではどのように変容させられていったのだろうか。前章で述べたようにアイヌ社会は幕藩体制の終盤において、幕府の締め付けや場所請負商人による「強制連行」など過酷な状況に置かれたが、幕府や松前藩は「アイヌに対する個別的直接的人身支配策や課税を実施しなかった」(榎森『アイヌ民族の歴史』)のであるから、アイヌの各コタンは対内的主権を有する団体であった。このようなアイヌ社会——対内的には主権を有する団体と考えられる各コタン——に対して、明治政府は主権国家であった西洋諸国と同様に接しなければならなかったはずである。つまり明治政府はアイヌの各コタンに対して、自己決定権を有する「主権団体」として交渉をしなければならなかった。

幕末、徳川幕府は諸外国との間でさまざまな条約を結んだ。たとえばロシアとの間では日露和親条約を結び、千島列島の択捉島《えとろふ》とウルップ島との間に日露の国境を定めた。また、アメリカやイギリスとの間で結んだ和親条約では、下田や箱館の港を開放した。そして、これら諸外国と締結した条約を明治政府はそのまま遵守した。

しかしアイヌとの関係では、明治政府は幕府がとったアイヌとの法関係をすべて放棄し、各コタンの自己決定権はもとより、その支配領域すら存在しなかったかのように振る舞った。アイヌに対する課税も当然のように行われるようになった。

幕府・松前藩とアイヌの関係は、一六〇四年(慶長九年)の黒印状以来、幕府・松前藩とアイヌとの間で守られてきたいわば国際法に基づく関係であった。明治以降も日本政府とアイヌとの間で守られなければならない法(国際慣習法ともいえる)となっていたのである。明治政府は、西洋列強との条約のみを守ればよいということにはならない。当時の国家と先住民族との法関係については、アメリカで確立された判例が国際法となっていたことについて次章で詳しく触れるが、ここでは明治政府がとった法と政策について見ていくことにする。まずは明治政府が蝦夷地（北海道）をどのように扱うつもりであったのか、から考えていきたい。

明治政府にとっての蝦夷地の価値

明治政府にとっての蝦夷地の価値は次のような点にあった。

第一に豊かな自然（水産・木材・鉱物資源）の供給地としての価値、第二に幕府崩壊後の巷にあふれる武士の開拓移民のための土地としての価値、第三にロシアに対する北方の日本領としての価値――などである。

特に北海道の自然資源は日本が資本主義国家となるためには必要不可欠なものであった。その自然資源を「無主の物」として〝ただ〟で利用できることが明治政府にとっては重要であった。北海道が「植民地」といわれるゆえんである。明治政府はこのような明確な意図を持って、いかに北海道を利用するかを考えていたが、そこに先住していたアイヌへの考慮・対応は一切なかったといえる。たとえ、「遅れた資本主義国として世界の列強に加わっていく」という目的のためだとしても、明治政府の行った蝦夷地の侵略＝植民地政策には何の正当性もなかった。

明治政府の蝦夷地侵略の意図

もう少し明治政府の蝦夷地の侵略＝植民地政策の意図について考えてみたい。幕末から維新にかけての混乱と当時のロシアの脅威の中での蝦夷地侵略の意図を考えることは、明治政府が当時のアイヌについてどのように考えていたのかをはっきりとさせることにもなるだろう。

岩倉具視は一八六八年（明治元年）一〇月二一日に提出した建議の中で、皇威《こうい》（天皇の威光）を海外に宣揚するためには蝦夷地開拓に着手しなければならないとした。また、蝦夷地への移民をまず奥羽降伏人、脱籍人で終身禁固刑や流刑者などをもって充て、次に良民を内地から移住させればよいとした。翌年二月二八日に提出した建議では、開拓殖民者が繁栄すれば国内的に大利益となり、対外的にはロシア人の南下を防止でき、皇威を海外に宣揚できるとした。アイヌに関しては「土人の教化」という言い方がされた。アイヌ（土人）を教え導く（教化する）ということである。土人の教化にはわずかな酒と煙草で足りる――としており、先住するアイヌの権利など全く考慮していなかった（『新北海道史第三巻』）。

当時の明治政府にとって重要だったのはまず天皇政権の安定であり、そのための蝦夷地開拓であった。蝦夷地開拓と対ロシアの関係について明治天皇は、一八六九年（明治二年）五月二一日と二二日に「皇道興隆の件」と「蝦夷地開拓の件」について勅問（質問）をしている（同書）。そのうち「蝦夷地開拓の件」とは次のようなものであった。

蝦夷地之儀ハ北門、直ニ山丹満州ニ接シ、経界粗定トイヘトモ、北部ニ至テハ中外雑居致候処、是迄官吏之土人ヲ使役スル甚苛酷ヲ極メ、外国人ハ頗ル愛恤ヲ施シ候ヨリ、土人往々我邦人ヲ怨離シ、彼ヲ尊信スルニ至ル、一旦民苦ヲ救フヲ名トシ土人ヲ煽動スル者有之時ハ、其禍忽チ箱館松前ニ延及スルハ必然ニテ、禍ヲ未然ニ防グハ（中略）速ニ開拓教導之方法ヲ施設シ（後略）

当時、蝦夷地に近い樺太は国境が定まらずロシア人と和人が「雑居」する地であった。そこへアイヌは自由に行き来していたので、ロシアがアイヌに対して「愛恤ヲ施シ」ていると指摘したうえで和人のほうは「土人ヲ使役スル甚苛酷ヲ極メ」ていた。そのため、維新直後の天皇政権にとって「皇道興隆」、つまり盤石の天皇制を確立するためには、アイヌへの政策が重要だと言っているのである。そしてそのアイヌを「教導」させること、つまり同化政策が重要だとしているのである。「蝦夷地開拓」「対ロシア政策」「アイヌの同化政策」は、いわば三位一体の政策であったということである。

その年の六月一七日には、諸藩による藩籍奉還が実現し、天皇による中央集権国家が確立する。そして同年八月一五日、蝦夷地を北海道と改称し、一一の国と八六の郡を置いて、「名実ともに日本の領土・天皇制国家の支配領域になったこと」（榎森『アイヌ民族の歴史』）を鮮明にした。

この間も樺太ではロシアとの摩擦が絶えなかった。政府内には武力でロシアと対抗することを主張する者と穏便に解決しようとする者との対立があった。初代開拓使長官鍋島直正は対ロ強硬派であった。

開拓使という官制の設置

このような情勢の中で蝦夷地開拓のために創設されたのが「開拓使」であった。

明治政府は皇道興隆のために、天皇の神格化、天皇親政、祭政一致という、古代日本をほうふつとさせる王政復古を行った。古代の官制名称を取り入れることとし、まず「太政官」という機関を置いた。「太政官」は左大臣・右大臣・大納言・参議によって構成される。「開拓使」はこのとき「太政官」の直属機関（外局的存在）として設置され、その権限は「省」と同じとされた。当時、全国に地方官が置かれるようになったが、開拓使はそのような地方官ではなく、太政官の決定を実行する諸省（民部省・大蔵省・兵部省・外務省など）と同じ権限とされ、開拓長官の官位は正三位とされた。のちに開拓次官として就任し権勢を振るうことになる黒田清隆が開拓長官ではなく開拓次官となったのは正三位の官位にふさわしい〝出自〟ではないからであった。

開拓使の権限について見てみよう。開拓使に権限を付与していた「開拓使職制事務章程上款及び下款」（一八七五年）の「上款」では「国郡の境界改定」「国郡の名称の定め、変更」などのほか、「鉄道の開設」「駅逓の廃置」「灯台の設置」「郵便事業」など開拓に必要なインフラ整備について書かれている。また「下款」には「士民の移住」「土地の売貸」「道路橋梁の建設」「鉱山開発」「種樹園設置」「物産販売」など、より詳細な開拓の具体的施策が規定されていた。（「上款」は長官の意見をつけて上奏し裁可が必要なもの。「下款」は長官の意見だけで「専行」できるもの。）

しかしいずれも北海道の内政面の権限しか規定されておらず、アイヌに関する明確な権限については一切記載されていない。対アイヌの関係では、下款の「土地の売貸」の中に、アイヌが独占的・排他的に所有していた土地を明治政府が勝手に売貸する権限が含まれていたことになる。しかも、この権限は開拓使の「専行」でできたのだから、単なる太政官の外局が、対アイヌという国際的問題を処理できたということになる。

ここからわかることは、明治政府はアイヌのことを同化政策の対象としかとらえておらず、明治以前に幕府によって認められていたアイヌの権限や権利をどう扱うのかという基本的視点がなかった

――ということである。もし明治政府が蝦夷地の土地を欲するならば、明治政府はアイヌの各コタンと条約を結んで土地を買い取る必要がある。一官庁（太政官外局）にすぎない開拓使がアイヌの権利・権限に関わる事柄を決定し、執行していたということは、その合法性において大いに問題のあるところである。

開拓使の行った基本的政策――自然資源

次に、前述した明治政府の蝦夷地に対する三つの意図に基づいて具体的にどのような政策が（開拓使によって）とられたのかをそれぞれ見ていく。

まず自然資源の点である。明治政府はいち早くアメリカから「お雇い外国人」と呼ばれる技師らを招き、北海道内の資源調査をさせた。石炭資源などの鉱物調査（鉛・硫黄・鉄・銅・金などを調査）などを行ったほか、北海道に適した産業として牧畜や果樹の栽培なども推奨された。これらの資源開発は後に開拓使によって行われ、その後民営化されていく。

開拓使の行った基本的政策――開拓移民

開拓移民の点では、「屯田兵政策」が有名である。「屯田兵」とは戦争のない平時には集落にいて農業に従事する兵士のことで、琴似《ことに》屯田村、山鼻《やまはな》屯田村など、札幌市内には屯田兵たちが拓いた複数の村が存在し、今でもその地名が残っている。しかし、移民政策として重要なのは、屯田兵政策よりも一八七二年（明治五年）の北海道土地売貸規則、地所規則によって、北海道の土地を和人に分割し、和人の所有権を認める政策をとったことである。さらに一八七七年（明治一〇年）の地券発行条例ではアイヌの居住していた土地までをもアイヌから取り上げた。新・旧国有未開地処分法（一八九七年（明治三〇年）、一九〇八年（明治四一年））は、さらに大規模に和人への土地の払い下げ（有償・無償での）を行った。

この明治政府の土地の払い下げ政策を考えるとき、検討すべき重要な論点がある。それは、明治政府が、インディアンの土地を開拓民に開放していったアメリカの法律と政策を知っていたのかどうかという点である。もし知っていたとするならば、なぜアメリカの政策を参考とせずにこれを全く無視してアイヌから土地を奪う政策を実行したのか――という点が重要な問題として浮かび上がってくる。

ケプロン報告書の存在

「お雇い外国人」のホラシ・ケプロン（Horace Capron）は、一八七二年（明治五年）一月二日付で、「黒田開拓次官」に報告書を提出している（『新撰北海道史第六巻　資料二』）。ケプロンはこの報告書で、北海道の風土・物産からして合衆国のような「豪気」な移民であれば開拓は「難事ニアラザルナリ」（邦訳文から）としている。そして参考としてアメリカの法律を紹介している。この法律はHomestead Act of 1862というもので邦訳文では「土着の法」とされている。

開拓使は知っていた――土着の法（Homestead Act of 1862）

「土着の法」（Homestead Act of 1862）は、この報告書作成の一〇年前にアメリカで制定された法律で、内容は五年間耕作すれば申込み費用以外は無償で一人一六〇エーカー（一エーカーは、約〇・四ヘクタール）を取得することができるというものだ。この法律だけを見れば、その後の地券発行条例（開拓使達）や新・旧国有未開地処分法などに影響を及ぼしたことは明らかである。ただ、ここで大事なのは、①ケプロンが黒田開拓次官に対して土着の法を挙げていた事実、②土着の法が先住するアメリカインディアンとの関係についてどのように規定していたのかという内容、③明治政府はせっかくケプロンが参考として挙げたこの法律の、インディアンからの土地の取得と開拓者への土地配分との関係をちゃんと理解していたのかどうかということ、④インディアンからの土地の取得と開拓者への土地配分との関係を理解していたとすればなぜ土着の法の定めるインディアンと開拓民との土地関係の有り方を無視したのか、という点である。

アメリカ合衆国では、たしかに土着の法の制定によって、特に独立戦争後に西部開拓が促された。しかしこの法律は開拓民が自由にインディアンの土地に入り込み、その土地を勝手に耕作することを許してはいなかった。開拓者たちに配分され、耕作が認められる土地には条件があって、インディアンの土地に勝手に侵入して五年間耕作してもこの法律では土地を得ることはできなかったのである。勝手にインディアンの土地に侵入した白人開拓者は不法侵入者として騎兵隊によってインディアンの土地から追い出された。

では合法的に白人開拓者が土地を得ることができる条件とは何であったのだろうか。それは、合衆国政府がインディアントライブ（アイヌコタンのような主権団体）から条約によって買い取っていた土地でなければならなかった。ケプロンは、このことを報告書で開拓者に与えられる土地は「公有地の一區」（邦訳文）という言い方で表している。アメリカでは「公有地」つまりPublic Landには、インディアンの支配地域の土地は含まれない。第四章で触れるが、インディアンの支配地域は、そのままではまだ「他国」なのである。あくまでも連邦政府がインディアンから土地を買い取らなければPublic Land、つまり公有地とはならなかった。連邦政府がインディアンから買い取ったPublic Landであるがゆえに、連邦政府から白人の開拓者が申込み費用だけでその土地を取得できることになるのである。インディアントライブが所有・占有する土地は、そのインディアントライブの承諾がなければ何人も立ち入ることができないうえに、何人もその土地を取得することはできなかったのだ（この点はアメリカ合衆国の歴史の中でも触れたい）。

一八七二年（明治五年）当時、このケプロンの報告書を邦訳した通訳者や明治政府・開拓使の官吏たちは、アメリカのこのような土地政策、つまり先住するインディアントライブから土地を買い取ってはじめて開拓者に提供できる土地になるということを知っていたはずなのである。明治政府は黒田清隆開拓次官をはじめ明治維新後多くの官僚を欧米に留学させ欧米の制度を取り入れようとしていた。実際に、地券発行条例（開拓使達）や新・旧国有未開地処分法などの北海道の土地の配分を決めていった法令は、アメリカの土地に関する法制度、つまり「土着の法」（Homestead Act of 1862）を取り入れたものである。

しかし彼ら明治政府・開拓使の官吏たちはケプロンがあえて示した、「土着の法」の条件（インディアンから連邦政府が土地を買い取る）を、アイヌとの関係においては全く無視し、アイヌの土地であることを知りながら多くの和人の入植を促したことになる。

では、なぜ明治政府や開拓使はアメリカの「土着の法」を無視したのだろうか。このことは後で触れる。

開拓使の行った基本的政策――対ロシア

最後に対ロシア政策の点について触れておこう。先に鍋島開拓使長官は、「対ロシア強硬派」であったと述べた。鍋島は実際に樺太への出兵を主張していた。しかし就任後一カ月足らずの一八六九年（明治二年）八月一八日、鍋島は大納言に昇任し、開拓使長官の任を離れる。これは事実上の更迭といえる。それと前後して明治政府の対ロシア政策は、樺太での和人・ロシア人の雑居を認める「和平策」に転換した。太政官は、礼節を主とし、たとえロシアが暴挙に出たとしても「軽率な振舞あるべからず」と卑屈なまでの和平策をとった。ロシアとはその後、樺太千島交換条約（一八七五年〔明治八年〕）を結び、樺太と千島列島の国境線が明確になったことでロシアの脅威は薄れていった。幕末から行われていた「対外的に日本の支配下」であることを示すためのアイヌの「同化政策」は、この条約以降、対外的という面がなくなり、対内的な理由だけになった。

開拓使はなぜアイヌの権利を無視したのか

明治政府の諸政策を見るとき、大事な視点は、なぜ明治政府はアイヌの自己決定権を認めなかったのか、なぜアイヌを排除ないし無視したのか――という点だ。特に土地やサケ・シカなどの自然資源に関してである。明治政府は、アメリカ合衆国がその移民政策においてインディアンの土地をそれぞれのインディアントライブとの条約によって買い取ることを前提としていた事実を、ホラシ・ケプロンを通じて知っていた。そして買い取った土地についてのみ移民を促したことも、また勝手にインディアンの土地に侵入した者を不法占拠者として取り締まっていたことも知っていた。しかし、このアメリカ合衆国の先例を学ぶことなく、一方的にアイヌのコタンの権限を無視し、政府自らが一方的に土地を「官有地」にすると宣言したのである。なぜ明治政府はこのような野蛮な政策を実行したのだろうか。

第一に、早期に安定した天皇制国家を樹立するために、経済的基盤をなす自然資源を獲得したかったことが挙げられる。要するに土地や資源を「早く奪いたかった」のである。

第二に、明治維新という政権変革の性格の問題があった。明治政府は王政復古により江戸時代までの幕府の諸制度をすべて無効にした。王政復古の意味は天皇制による絶対主義的封建制国家を作り出すということにあった。そこではアイヌも天皇という「神」の「赤子《せきし》」となる（これは北海道旧土人保護法の立法趣旨とされる）。天皇制国家のもとでアメリカインディアンのような地位をアイヌに認めることはできない、という考えがあったのであろう。また、明治維新は征夷大将軍という君主から王政復古したのであるから「革命」といえる。革命ではそれ以前の体制を支えるものはすべて廃棄する必要があった。そのような理由から、中央権力の中心である天皇にすべての権限を集中し、太政官制度を復活させ、天皇を頂点とする新たな官僚国家を築こうとし、江戸幕府がとっていた「蝦夷のことは蝦夷任せ」といったような政策・制度は「壊す」対象ではあっても「維持する」対象ではなかったのではないかと思われる。

第三として、その後の日本の対外侵略につながる暴力性が明治維新時にすでに存在していたということが挙げられる。

いずれにしても言えることは、明治政府はアイヌコタンという集団との関係を規律していた国際法を完全に無視したという歴史的に見て大きな間違いを犯したということであった

次に、このような明治政府が、対アイヌに対してとった具体的な法制度について見ていくことにする。

二、明治政府の新しい法制度（自然資源）

基盤としての同化政策

箱館戦争終結後まもなくの一八六九年（明治二年）八月一五日、明治政府は北海道について「此度蝦夷地一円北海道ト称十一州ニ分チ開拓使被置」とする次のような公達を発布した。

一、北海道ハ皇国ノ北門最要衝ノ地ナリ今般開拓被仰出候ニ付テハ深ク聖旨ヲ奉体シ撫育ノ道ヲ尽クシ教化ヲ広メ風俗ヲ敦スヘキ事

一、内地人民漸次移住ニ付土人ト協和生業蕃殖候様開化心ヲ尽クスヘキ事

つまり、明治政府は政府樹立後ただちに「聖旨ヲ奉体シ撫育ノ道ヲ尽クシ教化ヲ広メ風俗ヲ敦スヘ

キ」としてアイヌの人たちの天皇への忠誠を基本とする同化政策を打ち立て、北海道開拓の円滑化を図るとともに、和人の移民との「摩擦が生じないよう」に政策を立てた。このような公達はアイヌの人たちにとって不当であったばかりではなく国際法的にも違法であったことは言うまでもない。しかし明治政府はこの公達によって蝦夷地の自然資源を自由に利用できる形を整えるとともに、先住していたアイヌの人たちを「開化」するとして、土地から排除し、その権利主張を封じていく根拠とした。

前述の対ロシア関係については「皇国ノ北門最要衝ノ地」としてここにも明記されていて、明治政府がいかにロシアの南下に神経を尖らせていたかがわかる。また「内地人民漸次移住ニ付」というように移民政策をとることを明言し、「生業蕃殖」として資源を開発し、産業を興すことをめざしている。

このような和人の移民と北海道の資源開発にとって「邪魔な存在」となるアイヌの人たちを和人化するために、アイヌに和人と同じ道徳観を押し付ける必要があった。そこで、「聖旨ヲ奉体シ撫育ノ道ヲ尽クシ教化ヲ広メ風俗ヲ敦スヘキ」とした。〝聖旨を奉体し〟とは、天皇への忠誠と天皇中心の政治にしたがうということであり、天皇を敬うように「撫育」して「教化」するということである。今までの風習・風俗を一変させなければならないと定めたのである。また、アイヌの和人化は、アイヌに対する特別な扱いを否定する根拠にもなった。和人と同様に〝漁猟や狩猟は明治政府の法的規制に服せよ〟ということだ。

このように、対ロシア政策として、また北海道の資源開発として、アイヌの人たちの和人化が求められ、それが明治政府の北海道政策の基本となった。

明治二年の八月というと、箱館戦争の終結（五月）直後で、まだ世相は騒然としていた。箱館戦争のわずか三カ月後にこのような公達が発布されたのである。この基本政策がその後どのように展開されていったのか。まずは自然資源である土地に着目して明治政府の法制度を見てみることにする。

土地制度について

土地については、一八七二年（明治五年）に「土地売貸規則」および「地所規則」がまず定められた。土地売貸規則一条では「原野山林等一切ノ土地官属」とし「売下地券ヲ渡永ク私有地ニ申付ル事」とある。つまり、北海道はすべての土地を国有地（官に属する）とし、和人一人につき一〇万坪を売り下げる（二条）、とするものであった。地所規則七条では「山林川沢従来土人等漁猟伐木仕来シ地ト雖更ニ区分相立」とし、「深山幽谷人跡隔絶ノ地ハ姑ク此限ニ非サル事」と定めている。これはつまり、深山幽谷などおよそ人が入り込まない土地を除き、アイヌの人たちが今まで漁猟してきた土地であっても土地を分割して地券を発行し和人へ払い下げていく、ということにしたのである。

したがって、これらの規則によって、それまでコタンが有していた独占的・排他的支配地であった漁猟・狩猟の土地が奪われたことになる。

一八七七年（明治一〇年）には「北海道地券発行条例」が定められ、その一六条でアイヌの人たちが住居として利用していた土地についても「旧土人住居ノ地所ハ其種類ヲ問ス当分総テ官有地第三種ニ編入スヘシ」とし、アイヌの住居はすべて「国有地第三種」（官民共同地）とされた。

明治政府はこのように、江戸時代には基本的に和人が入ることを禁止されていたアイヌが居住する蝦夷地を北海道と改めて侵略し、和人が移住しやすいようにそのすべての土地を「官有地」とした。しかし北海道における土地所有のあり方でケプロンが推奨したのは、アメリカ合衆国における「土着の法」に倣った方法――すなわち先住するアイヌからその土地を国が買い取ったうえで移住者に配分するというものであった。しかし明治政府は一方的に国有地化宣言をし、移住者への配分を決定する。これは一般に言う侵略行為であり違法な行為となろう。

もう一つ、ここでこれらの土地政策によって本州などから移民してきた和人（開拓民）の性格についても触れておきたい。彼らをケプロンが手本として示したアメリカの西部開拓の移民と同質のものと位置付けることがあるが、それは間違いである。そもそも北アメリカの開拓は、「エンクロジャームーブメント」（イギリスの囲い込み運動によって農地が牧羊地とされ、その結果農民の多くが難民となった）によって流れてきた農民が北米大陸を開拓し、貴族同様に土地所有権を取得できるというものであった。これに対して北海道は、たしかに多くの農民が流れてきたが、彼らのほとんどは地券を買った貴族（不在地主）の広大な土地に小作農民として入植してきたのである。

また、一八七二年（明治五年）以前に行われた北海道の初期の土地政策についても触れておきたい。それは一八六九年（明治二年）に出された太政官布告によって藩や士族を中心に土地を割譲するという施策である。諸藩・士族団体に北海道を分領支配させて速やかな開拓を行わせることが狙いで、志願を前提としながらも実質、強制的な開拓命令であった。しかし多くの士族たちは土地を維持できずこの分領支配は一八七一年（明治四年）八月二〇日に廃止され、前述の土地売買規則等につながっていった。

アイヌのサケ漁

アイヌの人たちにとって、サケやシカは主食であり、交易のための重要な商品でもあった。つまり生活・生産（経済活動）の基本となる大事な資源であった。

アイヌの人たちが漁業を営んだり狩猟を行ったりしていた土地は、各コタン（集落）が支配していた。しかし前述のとおりコタンの支配地は明治政府によって国有地に勝手に変更され、アイヌコタンが有していた独占的・排他的な漁業や狩猟は不可能になった。さらに、一八七三年（明治六年）には、たとえば札幌市内の豊平川・発寒川・琴似川・篠路川などの代表的河川では、豊平川を除き漁網による漁が禁止され、夜間の引網の禁止、アイヌの伝統的なウライ漁などが禁止されるようになった。これに違反した場合は漁具を没収され、科料を科せられた（開拓使八月二九日布達）。同年一〇月には引網漁が認められる代わりに課税対象とされた（開拓使一〇月三日布達）。さらに一八七八年（明治一一年）には、サケ資源の保護を名目に「札幌郡内諸川ニ鮭鱒漁獲一切差止」（開拓使一〇月一七日布達）とされた。これらのサケ漁への制限は、札幌に限らずその後全道の河川で実施されていく。

なお、明治以前の札幌は石狩川を中心とする石狩アイヌの支配地域で、琴似アイヌ・発寒アイヌ・伏古アイヌなどの集落があったとされている。彼らは明治以降も、琴似川・発寒川・篠路川などでサケ漁をして生活していたが一八七三年（明治六年）以降はその生活は非常に困難になったと推測される。

このように、アイヌにとって本来自由であったサケ漁が明治政府によって一方的に禁止された。これによって、アイヌの人たちは主食であり交易品でもあったサケを奪われたのである。

和人のサケ漁

そうした中で一方の和人はサケという水産資源をどのように利用したのだろうか。一八七七年(明治一〇年)、石狩川河口に、開拓使によってサケ捕獲施設が設けられた。そこで開拓使はサケ缶詰工場を操業させた。二年後の一八七九年(明治一二年)にはさらに四つのサケ缶詰工場が建設された。

サケ缶詰工場で生産されるサケ缶は軍需物質として海外へ輸出される。これらの缶詰工場で製造されたサケ缶は一八七七年(明治一〇年)に一万三二四六缶、一八八一年(明治一四年)には七万四三五六缶であった。これだけのサケ缶詰を製造するのであるから石狩川河口では遡上するサケを根こそぎ捕獲することになった。大量のサケの河口での捕獲は当然ながら著しいサケ資源の減少を招き、漁業制限が必要になるほどであった。そしてそれはまたサケ漁に頼っていたアイヌの暮らしにも大きな影響を与えた。

余談だが、現在、北海道千歳市の千歳川には「インディアン水車」というサケ捕獲施設があって観光名所になっている。「インディアン水車」というのは川をせき止め、遡上してきたサケがその堰の前で留まっているところを一匹残らず水車を利用してくみあげてしまう仕掛けのことである。これはwheelというアメリカの白人が作ったサケ捕獲施設であるが、じつはインディアンのサケ漁とは全く関係ない。どうしてこのような名前が付いたのか不思議だが、明治初期の石狩川河口でのサケの捕獲もこのような「根こそぎ」捕獲する施設であったと思われる。

シカ猟

シカ猟について明治政府は、一八七六年（明治九年）一一月一一日の北海道鹿猟規則において、「免許鑑札ヲ受スシテ鹿猟ヲナスヲ禁ス」（一条）とした。「免許鑑札」がなければシカ猟はできないことになった。その鑑札を受けるためには二円五〇銭の猟業税を納めなければならなかった。もっともアイヌの人たちは「当分納税ニハ及ハス」（三条）とされたが、伝統的な「毒矢ヲ以猟殺ヲ禁ス」（五条）とされ、違反すれば三円から二〇円の罰金と猟で得た鹿を没収された（一〇条）。

エゾシカの狩猟は、明治になるまでは和人の蝦夷地への立ち入りが禁止されていたため、アイヌによる伝統的な弓矢の使用による狩猟が行われていた程度であった。したがって、蝦夷地全体のエゾシカの個体数は比較的安定した頭数で推移していた。しかし、明治になると、アイヌの独占的・排他的狩猟域が消滅させられ、鉄砲を持った和人がどんどん侵入し、手当たり次第にシカを狩猟した。十勝地方では、明治以前には毎年六〇〇〜七〇〇頭が捕獲されていたが、一八六八年（明治元年）から一八七八年（明治一一年）までに一万二五〇〇頭が捕獲された。毎年一〇〇〇頭を超える狩猟が行われていたことになる。全道では一八七五年（明治八年）に七万六五〇〇頭が捕獲された。このような乱獲によって当然ながら個体数は激減し、鑑札制度が設けられたのである。ただ、この鑑札制度によってもエゾシカの頭数は回復することなく、特に一八八〇年（明治一三年）の大雪の結果、エゾシカは絶滅したといわれた。明治維新からたった一三年間で〝絶滅〟までいったのである。

また、サケと同じく、明治政府はシカ肉についても一八七八年（明治一一年）に、現在の苫小牧市にシカ肉の缶詰工場を建設した。初年度は七万六三一三缶を製造した。しかし一八八〇年（明治一三年）にはエゾシカは〝絶滅〟したため、缶詰生産は中止に追い込まれた。
こうした明治政府によって製造されたシカ肉缶やサケ缶は、軍需物資としてヨーロッパを中心とした海外へ輸出され、日本の外貨獲得に大きく貢献したのである。

窮乏するアイヌ

アイヌの人たちにとって生活の糧(食料)であり、交易という経済活動の主要な商品であったサケやシカを捕獲する各アイヌコタンの権限が奪われ、各コタン構成員のサケやシカを捕獲する権利が失われた。アイヌから奪ったサケやシカという自然資源は、明治政府と和人によって、和人のための資本主義経済の商品へと変えられていき、金儲けの手段とされたのである。

この項では主に土地とサケおよびシカについて見てきたが、江戸時代まで維持されてきた土地・自然資源などへのコタンの支配権限はすべて奪われていった。チセ(家)を建てる木材、着物を作るオヒョウの樹皮、茣蓙《ござ》を作る葦……要するに生活に必要なすべての自然資源をアイヌの人々は明治政府によって奪われた。高倉は、このように自然資源を奪われた結果、特に食料としてのサケやシカを奪われたアイヌの人たちの生活について吏員の報告としてその著作に記述しているが、それによれば、食料に窮乏した十勝のあるアイヌ家族がいったん捨てていたエゾシカの骨を掘り起し、その骨を鍋で煮て飲んでいた様子が記述されている(『アイヌ政策史』)。アイヌの人たちは明治になって飢餓と死に直面したのであった。

三、生活・文化面での明治政府の新しい法制度

アイヌ文化の否定

明治政府が行った「撫育」「教化」という名の同化政策は、アイヌの人たちの生活様式および文化そのものを奪っていった。一八七一年（明治四年）一〇月八日布達では、「自今出生ノ女子入墨等堅可禁事」「自今男子ハ耳環ヲ著候儀堅相禁シ」とされた。これらの風習はアイヌの人たちのアイデンティティーを象徴する文化の一つであるにもかかわらず、一方的に禁止された。アイヌの人たちにすれば、婚姻した女性が口の周りに入墨をしたり、男性が耳環をつけたりするのは、伝統的・文化的・思想的・宗教的に重要な意味があるものである。

また、アイヌの人たちは自らの言葉――アイヌ語を用いることも否定され、「言語ハ勿論文字モ相学候様可心懸事」と日本語を話すことを要求された。言語は、世界先住民族の権利宣言や人権規約を持ち出すまでもなく、言語で表される一定の世界観が基礎にあり、その世界観に基づく独自の文化の上に成り立っている。言語の否定は直接的な文化の否定であることは明らかだ。

そのほかにも、アイヌの風習として死者が出た家では家を焼き他に転居するということがあった。ところが、一八七一年（明治四年）の布達では開墾にあたって政府から農具などを下付された者は「是迄ノ如ク死亡ノ者有之候共居家ヲ自焼シ他ニ転居等ノ儀堅可相禁事」と家を焼いて転居することを禁止された。このこともアイヌの世界観・死生観・宗教観などを反映した文化を一方的に否定するもの

であった。

現代でも偏見は続いている

「家を焼く」というアイヌの文化について触れておきたい。

二〇一一年（平成二三年）頃、胆振地方に住むアイヌの女性が夫の事故死（車内での一酸化炭素中毒）を受けて、その夫の持ち物を葬式のときに焼いた。この女性によれば、この地域ではアイヌは伝統的に女性が死んだときには家を焼き、男性が死んだときにはその持ち物を焼いていたとのことだった。問題は、夫には生命保険が掛けられており、保険会社は自殺ではないのか、焼いた持ち物の中には遺書などがありそれを焼いたのではないかと疑った。そして保険金の支払いを拒否したのである。このケースは東京地裁での訴訟になり、女性の証言によって持ち物を焼くというアイヌの習慣が今でも生きていることを強く訴えた。結局、裁判所の判決によって保険金は無事支払われることになった。

この尋問のとき、保険会社の代理人の東京の弁護士は、持ち物を焼くというアイヌの風習について全く無知であり、「そんなことはありえない」という姿勢に終始していた。アイヌ女性の代理人であった私は、家を焼くというアイヌの風習は家の模型を焼くことで最近（約二〇年前）まで存在していたことが書かれた文献を証拠として提出した。しかし相手は最後まで「信じられない」という態度であった。私は、この東京の和人弁護士や保険会社が、アイヌの文化というものについてそもそも理解しようという姿勢がないことに、和人のアイヌに対する偏見の深さ、狭量さを見た思いがした。

進まない同化政策への政府のいら立ち

以上のような文化の否定である同化政策について、アイヌの人たちが抵抗するのは当然のことであった。同化政策がなかなかはかどらないことについて、一八七六年（明治九年）九月三〇日の布達に次のようなことが書かれている。

北海道旧土人従来ノ風習ヲ洗除シ教化ヲ興シ漸次人タルノ道ニ入シメンカ為（中略）既ニ誘導ヲ加候処未タ其風習ヲ固守候者有之哉ニ相聞旨趣貫徹不致不都合ノ次第候元来誘導教化ハ開明日新ノ根軸ニ候処今ニ右様陋習有之候テハ往々智識ヲ開キ物理ニ通シ事務ヲ知ラシメ均ク開明ノ民タラシムルノ気力ヲ振作スルノ妨害ト相成（中略）男子ノ耳環ヲ著ケ出生ノ女子入墨致等堅不相成旨父母タル者ハ勿論夫々篤ク教諭ヲ尽シ自今出生ノ者ハ尚更厳密検査ヲ遂ケ此風俗ヲ改候（中略）自今万一違犯ノ者有之候ハ不得已厳重ノ処分可及（後略）

ここでは、アイヌの人たちはそう簡単には風習を改めることはなく、「未だに其風習を固く守り候者が之有り」とし、これは「不都合の次第」であり、この「陋習《ろうしゅう》」（悪い習慣）は「開明の民たらしめる気力を振おうとする妨害と相い成る」から、入墨や耳環などは親や周りが気を付けて、「教え諭し」「厳密に検査して風俗を改めさせ」なければならないとしている。そしてその同化策の徹底のためには今後は処分をも辞さない、と脅しているのである。

本来風習は文化の一つであり、その文化はアイヌの人たちのみが作り出し、変容させ、発展させていくものであって、他者である和人が、権力を持ってその廃止や別の和人文化を強制するべきものではない。ましてや明治政府の進むべき方向（後のアジア諸国への侵略や太平洋戦争、そして敗戦への道）こそが「開明」であるとして一方的な理念を押し付けることなど陋習以外の何物でもないであろう。

日本固有の異様な同化政策（天皇への忠誠）

ここで、同化政策の日本的な特徴についても触れておきたい。

アメリカ合衆国でも一時、インディアンに対する同化政策というものが行われた。白人と同様にインディアンも農業に従事する、という同化政策である（第四章で詳述する）。これと比較して日本の同化政策は単に和人の生活様式、生産様式（たとえば農業）を押し付けるだけにとどまらなかった。「天皇への忠誠」が求められたのである。明治維新は各地の領主（大名）を束ねる大領主（徳川家）の政治（幕藩体制）から、天皇を神格化した王政復古を行った政治変革である。江戸時代には非常に薄かったと思える天皇への忠誠心を強化することによって、政権の安定と「富国強兵」を成し遂げようとしていた明治政府にとって、和人に対してだけではなく、幕藩体制の外にあった（化外《けがい》の民）アイヌに対しても（より強く）天皇への忠誠を求めることが重要だった。ちなみに戊辰戦争や箱館戦争の際に、官軍側の兵士が「天皇陛下万歳」と叫んだ話は聞いたことがないが、日清・日露戦争になると「天皇陛下万歳」と叫んで突撃したという話が登場してくる。明治政府による「天皇への忠誠」の浸透化と見ることができよう。

四、新しい法制度の結果

これまで述べてきたように、明治政府によってそれまでの法制度が反故にされ、次々と新しい法制度が作られた。新しい法制度は、アイヌの人たちに対して一方的に強制された。アイヌコタンの独占的・排他的支配権であった「イオル」という支配領域は奪われ、アイヌの人たちはそこでの漁猟や狩猟が禁止され、自然資源を奪われることになった。生活の場、生産活動の場が奪われる――このことはアイヌの人たちの命が奪われたことを意味していた。数百年以上にわたって文化を紡いできた土地やそこでの生活・生産を奪われたアイヌの人たちは困窮を余儀なくされ、文化は「陋習」として禁止され、和人並みの「開明」への努力が要求されたのである。

私は、幕藩体制下で有していたコタンの権限やアイヌの人たちの権利が、明治政府によって奪われていくこのような過程を検討することこそが、今のアイヌの権限・権利回復のために重要だと考えている。その過程はアイヌの集団としての法的地位が劇的に変化させられたことを意味しているが、もしその変化がそもそも合法でなければ依然としてアイヌの集団としての法的地位に変更はないはずである。そしてその変化が違法であれば、それは日本国の侵略行為でしかなく、アイヌの集団が有していた権限が正当に回復されなければならないであろう。

なお、私は北海道旧土人保護法については、その法的位置づけにあまり重点を置いていない。それは明治初年から始まる明治政府が作り出したさまざまな法制度こそが問題であって、北海道旧土人保護法は、その結果として窮乏するアイヌに対する救済策でしかなかったからである。つまり北海道旧土人保護法によって、アイヌに対して五町の土地が給与され、明治政府によってアイヌ農民化政策が行われたことよりも、明治政府が、蝦夷地そのものを、自然資源そのものを奪った行為を問題にしているのである。（北海道旧土人保護法については第六章で触れることにする。）

次章ではこのような明治政府（開拓使）の行為が侵略であることを〈アメリカインディアン法〉との比較でさらに裏付けていく。

第四章　〈アメリカインディアン法〉から学ぶこと

一、〈アメリカインディアン法〉とは何か

アメリカのインディアン

第二章と第三章で幕藩体制以降明治の初期までのアイヌの法的地位について見てきた。江戸時代までのアイヌ社会では各コタン（集落）が「イオル」という支配領域を持ち、独占的・排他的な漁業権・狩猟権――自然資源を利用する権限――を有しており、各コタンの構成員であるアイヌの人たちはそれぞれのコタンの中でそれらの権利を享有していた。各コタンは、代表者としての「長《おさ》」がおり、訴訟手続きを含む法規範（慣習法）を持った、主権を有する団体（主権団体）であった。

こうした各コタンの権限や各コタンの構成員の権利は、明治政府によってコタンの意思にかかわらず一方的に奪われる結果となった。本章では、先住民の集団としての各コタンの権限の有無などにつ

いてさらに理解を深めるために、アメリカ合衆国における先住民の集団（インディアントライブ）の権限とその構成員であるインディアンたちの権利について見ていきたい。指針となるのは、アメリカで一九世紀前半に連邦最高裁の判例によって確立された〈アメリカインディアン法〉である。〈アメリカインディアン法〉とは、北米の先住民であるインディアンの人々から成るインディアントライブと連邦政府および州政府との関係を明らかにしたアメリカ合衆国の法体系のことである。

ここでアメリカの法の考え方について触れておこう。アメリカでは議会で成立した「法律」とともに裁判で確立した「判例」もまた〈一つの法〉として理解される。法律で定められていなくても、判例で認められれば法として適用されることになる。アメリカインディアンに関する判例は、アメリカ国内では独占禁止法などの経済法と比較しても、より多くの判例が存在し、アメリカ法の中でも大きな部分を占めている。この〈アメリカインディアン法〉はアメリカ国内だけでなくカナダ・オーストラリア・ニュージーランドなど、世界各国における先住民の法制度や政策に多大の影響を与えてきた国際慣習法ともいえる。また、「国連先住民族の権利宣言」の内容も実はこの〈アメリカインディアン法〉の影響を強く受けていると考えられる。それゆえに、〈アイヌの法的地位〉を考えるうえで、〈アメリカインディアン法〉は重要な指針になってくるのである。

インディアンという名称と歴史

本書ではアラスカを除く北米における先住民のことを「インディアン」と表現する。北米大陸の四八州に居住する「ネイティブアメリカン」についてのみ「インディアン」といい、アラスカ（アラスカネイティブズ）、ハワイ（ネイティブハワイアン）に居住する「ネイティブアメリカン」とは区別している。そもそもアメリカでは「インディアン」という表現が公的にも存在し、「インディアン〇〇法」という法律が多数存在している。私はアメリカで「インディアン」の人たちに、「インディアンという言葉は差別語ではないのですか」と聞いたことがある。彼らは「自分たちはインディアンだ」と誇らしげに言っていた。同じように日本では「エスキモー」という表現も差別語とされ、「イヌイット」と言わなければならないなどと指摘されることがある。私が「エスキモーという言葉は差別語ですか？　イヌイットと言うべきですか」と「エスキモー」の人たちに聞いたら、「私たちはエスキモーだ。イヌイットはカナダの人たちです！」と逆に怒られたことがあった。何が差別語かは、その言葉の対象となる人がどう思うかによるのである。

北米大陸におけるインディアンの歴史は、一万年以上前にさかのぼることができる。古くは出土した編みカゴの遺物から「バスケットピープル」とも言われている。彼らは氷河時代にベーリング海を越えて大陸を南下してきた。コロラド州の南西部にメサベルデ国立公園がある。そこはバスケットピープルの後の時代の遺跡である「アナサジの遺跡」があることで知られている。この古代遺跡から当時の人が崖の中腹に家や宗教儀式の部屋（キバ）を作り上げ、生活していたことがわかる。現代のホピインディアンやプエブロインディアンはその文化の影響を強く受けていることからアナサジの子孫ではないかともいわれている。

ホピインディアンはアナサジの遺跡にもある「キバ」といわれる丸い宗教儀式の場（半地下式ではしごで中に入る）と類似した場をその集落に必ず有している。「アナサジ」のほか「ホホカン」という先祖もいて、砂漠のような乾燥地で灌漑を行いながらトウモロコシなどを栽培していた。日本ではインディアンというと馬に乗って狩猟をする姿を思い浮かべる人が多いと思うが、馬はスペイン人が持ち込んだ家畜で先住民が馬に乗るのはかなり時代が下ってからのことである。実際は、農耕を行うインディアンが多かったのである。

二、アメリカにおける先住権とその主体

「国際先住民族の権利宣言」と先住権

先住民族の中の各集団が有する権限――インディアンの場合は各トライブが独占的・排他的に漁業権・狩猟権など自然資源を利用する権限――は、「先住権」といわれている。第一章で触れた「国連先住民族の権利宣言」でいう indigenous people という集団が有する権限のことである。

「国連先住民族の権利宣言」でいう「先住権」の内容を見てみると、自己決定権や自治の権利（三条、四条）、文化的伝統や慣習を保持する権利（一一条）、宗教を保持する権利や遺骨管理権（一二条）、言語を保持する権利（一三条）、土地を保持する権利やその土地における資源を利用する権利（二五条）などとなっている。要するに古くからその集団が有していた慣習上のさまざまな権利のことである。アイヌの場合は「コタン」と呼ばれるアイヌの集落（集団）が江戸時代にこれらの自己決定権等をすでに有していたこと、各コタンがコタンの支配領域内（イオル）で自然資源への独占的・排他的権限を持っていたことなどから、各アイヌコタンが先住権を有していることは間違いない。

インディアントライブの権限

アメリカでは「先住権」(aboriginal title, Indian title, original title など と称される) とは、自己決定権のほかに長年慣行的に行使されてきた土地の占有・使用・利用を享受する権限のことをさす。具体的には集団が占有する土地内での狩猟・漁獲のほか森林をはじめとする土地資源の利用権などの諸権利を包括した権限である。アメリカではこうした先住権をめぐる裁判が長い間繰り返し行われてきた。つまり自然資源に関する支配権をめぐり、連邦政府と先住民の集団であるインディアントライブとの間に結ばれた条約によって、どこまでそのトライブの権限が連邦政府に「譲渡」されているのかが争われてきた。

ここで改めてトライブという言葉について説明しておく。「トライブ」(tribe) は日本では民族学的意味としての「部族」などと訳されているが、アメリカでは「先住権という権限の主体としての集団」と解されており、民族学的な「部族」とは異なっている。「トライブ」の日本語としての適切な訳語はまだない。そのため本書ではそのまま「トライブ」ということにする。

この先住権の主体という法的意味を持つ「トライブ」という言葉には、小さな血族集団である「バンド」(bands) と呼ばれる集団も含まれる。バンドという集団は、血族関係にある一家族ないし二家族程度で構成されている集団のことで、民族学的にはトライブとは分けて考えられている。しかし法的な意味でのトライブというのはこのような小さな血族集団や一〇家族以上などの集団のことをさし、いずれもが先住権という権限の主体となる集団ということになる。

アメリカ大陸では、有史以前から各地に広がるインディアンがトライブごとにそれぞれの土地を支配し、その支配する土地を独占的・排他的に占有・使用・利用して、その収益をトライブの構成員全員が享受していたことから、この土地を占有・使用・利用・享受し、支配していたトライブという集団が先住権の権限の主体ということになる。ここでいう先住権とは「個人の権利」ではなく、トライブという一定のグループの権限である。また、たとえばサケ捕獲権やシカ狩猟権などの個々の権利を束ねたもので権限と称されるべきものという点も重要だ。

一四九二年のコロンブスによるアメリカ大陸の発見によって、ヨーロッパの国々から多くの人々がアメリカ大陸に渡ってきた。そうしたヨーロッパ人と先住民のインディアントライブとの関係はどのようなものであったのか――。ここからは特にその後独立したアメリカ合衆国との関係で、インディアントライブが有していた権限がヨーロッパ人の移住によってどのように変化していったのかを見ていきたいが、その前に、簡単にアメリカ合衆国とインディアンとの歴史を述べておきたい。日本の学校や教科書ではアメリカ合衆国とインディアンとの歴史はほとんど教えられていないからである。

三、アメリカ合衆国とインディアンの歴史

開拓初期――イギリスからの植民

イギリス人は一六〇〇年代にアメリカ大陸に入植してきた。それ以前にはスペインやフランスなどがアメリカ大陸に進出していた。特にスペイン人は大陸の先住民を武力で征服し、金銀を奪って本国へ送ったり、先住民を鉱山などで奴隷のように酷使していた。このような蛮行を行うために大陸に

渡ってきたスペイン人はほとんどが男性だったので、現地の女性との間に数多くの子どもができた。メキシコなど中南米で白人との混血比率が高いのはそのためである。

フランス人は主に交易のために大陸に渡ってきた。交易品で有名なものはビーバーの毛皮で、当時のヨーロッパ貴族の帽子の素材となっていた。ビーバーが生息するのはロッキー山脈だった。そこでロッキー山脈を源とするミシシッピー川をフランス人たちは船で行き来した。そのためミシシッピー川の河口部の街ニューオーリンズが発展した。ニューオリンズが大陸内部とヨーロッパを結ぶ重要な港だったからである。

こうしたスペイン人やフランス人の進出（侵略）とは異なり、イギリス人は家族単位で入植してきた。イギリスでは一六世紀に入ると領主が農民を追い払い、農地を羊の放牧場とする第一次囲い込み運動（エンクロージャームーブメント）が始まる（ピーターラビットの舞台となる湖水地方の風景はその名残といえる）。羊毛を使った資本主義経済の始まりで、この動きがその後の産業革命へとつながっていく。

土地を追われた農民たちは職を求めてロンドンへ行き貧民層となったが、さらに新天地を求めてアメリカ大陸に渡るものも現れた。イギリス貴族は国王の勅許を得てアメリカ大陸での開拓を認められていたので、土地を追われた農民たちはイギリス国王から開拓を認められた貴族の民として大陸に渡った。イギリス国王は開拓を促進するためにアメリカ大陸に入植した農民たちに開拓した土地の所有権を与える制度を作った。そのため多くの農民家族が危険を冒して大西洋を渡ったのである。当時、土地所有権を有する者は貴族だけだったため、大陸で土地を得られるということは貴族と同じようになるということだった。

イギリスから大量の農民家族が渡ってくれば当然ながら土地を巡ってインディアンとの摩擦が生じる。そこでイギリス国王は各トライブを主権国家と認め、イギリスや各植民地がインディアンと条約を結んで土地を取得することにしたため、インディアンから土地を買い取る前は勝手にインディアンの土地に入ってはいけないとした。イギリスはインディアンとの摩擦を防ぎながら慎重にその版図を広げていったといえる。そのため一七七五年から始まる独立戦争のとき、かなりの数のインディアンがアメリカ側ではなくイギリス側について戦ったという記録がある。インディアンたちは開拓民ではなくイギリス国王を信頼していたということらしい。

アメリカ合衆国の成立後も、このイギリス国王のインディアン政策は引き継がれた。連邦議会は一七九〇年に「通商法」(Indian Trade and Intercourse Act)を制定する。この法律はインディアン居住地と白人居住地の境界を定め、白人が勝手にインディアンの土地に入ることを禁止する、というものだった。

独立戦争後の領土拡張

その後も白人の人口は増加した。それにともないアメリカ合衆国の国土自体も増えていった。独立戦争を終結させたパリ平和条約(一七八三年)で、アメリカ合衆国の領土はミシシッピー川の東側までとされた(この時点ではどこまで西に行けばミシシッピー川になるのかよくわからなかった)。一八〇三年には現在のヨーロッパ全体の広さに匹敵するミシシッピー川とミズーリ川の流水域全域をナポレオンから一五〇〇万ドルで購入する。一八四六年には今のワシントン州とオレゴン州をイギリスから割譲され、一八四八年にはメキシコ戦争の結果として今のコロラド州・アリゾナ州・カリフォルニア州などを獲得した。一八六七年にはさらにアラスカをロシアから買い取り、日本が明治維新を迎えるころには、ハワイ以外のほとんどの領土を獲得——つまり現在のアメリカ合衆国とほぼ同じ領土になっていた。

一八二〇年代以降——ミシシッピー川の西への移住政策

アメリカ合衆国における白人の人口増加、領土の拡張から、そのインディアン政策が徐々に変化していく。まず最初は、一八二〇年代からのインディアンの移住政策である。アンドリュー・ジャクソン（一七六七—一八四五）という第七代大統領が始めた政策で、ミシシッピー川から東側のインディアンをミシシッピー川の西側に移住させる、というものだった。もちろんインディアントライブとの条約によって、移住すれば永久的にインディアンの土地を保障する、移住費用は連邦政府が負担する、移住先で先住インディアンとの紛争があった場合に移住するインディアンを騎兵隊が守る——などの条件を付けていた。

しかし先祖からの土地を離れることを望むインディアンなどいるはずはなく、インディアン側からすれば、増加する白人に追い出されるようなかたちで移住に同意せざるを得なかった。ミシシッピー川東側のほとんどのインディアンは今のオクラホマ州とカンサス州へ移住したが、なかにはチェロキーインディアンのように移住承諾派と移住拒否派に分かれるインディアンもいた。チェロキーインディアンの移住承諾派は比較的問題なく移住したが、ねばった挙句最後に移住政策をのまざるを得なくなった移住拒否派は時期が遅れて真冬に移住することになり、厳冬下四〇〇〇キロほどの道を裸足で歩いて行かざるを得ず、半数近くの人が飢えと寒さで死亡した(ジョン・イール『涙の踏み分け道』〔Trail of Tears〕)。

このようにしてミシシッピー川東側にいたインディアンの多くは、現在のオクラホマ州やカンサス州に移り住んだ。今でも州のインディアン人口が多いのはオクラホマ州(七パーセント)となっている。ちなみに移住政策を推し進めたアンドリュー・ジャクソンは、一九世紀初頭の米英戦争の英雄といわれ、またクリークインディアンの大量虐殺でも有名な人物である。米英戦争ではニューオーリンズでの戦いを勝利に導いたとして、ニューオーリンズのジャクソン広場に、馬に乗った彼の銅像が立っている。

ゴールドラッシュ以降――押し寄せる白人とリザベーション政策

一八四八年、アメリカがメキシコから取得したカリフォルニアの地から金が発見され、いわゆるゴールドラッシュが始まった。このゴールドラッシュで世界中から人が大陸に殺到し、ミシシッピー川を超えて西部に流入してきた。そこで連邦政府がとったインディアン政策は「リザベーション政策」であった。これはミシシッピー川の西側に広がる土地に暮らすインディアントライブから、連邦政府が土地を買い取り、その土地を白人の入植者に与えた後、残った狭い土地の中にインディアントライブを押し込める、という政策だった。「リザベーション」というのは、もともとインディアントライブが保有・支配していた土地の「残りの土地」という意味である。この政策は一八五〇年代から一八八七年まで続いた。

連邦政府はこのリザベーションの土地をインディアントライブに保障することによってインディアンと白人との摩擦を避けようとした。連邦政府に売り渡された土地は、白人に開拓地として開放されたが、前章で述べた「土着の法」(Homestead Act of 1862) はまさにこの時期（本格的開拓期）にできた法律だった。インディアンからすれば、もともとあった広大な土地は生活と生産の基盤であったから、この土地の一部を失うことになるとその生活は苦しくなり、連邦政府の援助に頼らざるを得なくなっていく。毛布・衣料品・医療品などすべての生活物資を連邦政府に依拠するという生活になっていったのである。

このようにアメリカ合衆国の歴史を繙《ひもと》いていくと、連邦政府は当初は白人とインディアンを分離する政策をとっていたことがわかる。インディアン側からすれば、たしかに生活と生産の基盤である土地の一部を失いはしたが、リザベーション政策によってリザベーション内でのインディアンの自治が保障され、自分たちの文化を維持していくことはできた。しかしこうした連邦政府とインディアンの関係を壊していくことになるのが、次の「一般土地分割法」(ドーズ法) であった。

四、アメリカにおけるインディアンの同化政策

同化政策の始まり——一般土地分割法（ドーズ法）

一八八七年に制定された「一般土地分割法」(General Allotment Act) は連邦政府によるインディアン

の同化政策の始まりとなった法律である。日本では「ドーズ法」という名で知られている。

この法律の目的は二つあった。一つはリザベーションのトライブの土地を、トライブの構成員である一人一人のインディアンに分割することである。連邦政府としてはインディアンのためにこれ以上連邦予算は使えない、個々のインディアンは「白人と同じ道」を歩んで自活していくべきだ、と考えたのである。「白人と同じ道」というのは、それまでの狩猟を主とする生活ではなく、農耕や牧畜に従事する生活ということだった。第三代大統領でアメリカ建国の父といわれるトーマス・ジェファーソン（一七四三―一八二六）は、北米に農業国家を作り上げるという理想を持っていた。入植の当時から、アメリカは一大農業国を国家の理想とし、それこそが文明の象徴であるとしていたのである。そのためインディアンが白人と同じように農耕に従事するということは、単に職業として農業を行うという以上に、アメリカの建国の理想に沿った文明の一翼を担う存在になるという意味があった。いずれにしても、インディアンに対し、伝統的な生活を捨てさせて白人化していくという同化政策がこの法律によって始まったということである。

この一般土地分割法（ドーズ法）によって、それまでトライブが所有していた土地が個々のインディアンに対して――一家の家長には一六〇エーカー（約六四ヘクタール）が、家長ではない一八歳以上の独身者には八〇エーカー（約三二ヘクタール）が――分割された。ただ、分割されたとは言っても土地はその後二五年間は連邦政府の信託下に置かれ、その間は土地を売買したり抵当に入れたりすることはできなかった。そして最終的に「白人の道」を取り入れ農民となったインディアンにはアメリカ市民権が与えられるとし、農業技術の指導、種苗の提供、農機具の貸与などは連邦政府によって保障された。

ただ、この法律はリザベーションの分割にあたって各トライブの同意や協議を必要とせず、また分割される土地の「良し悪し」に関係なく一律の面積が各インディアンに割り当てられていった。

ドーズ法の目的――「余剰地」の没収

この法律の二つ目の目的――それは個々のインディアンに分割してもまだ余る土地（余剰地）の没収であった。リザベーション政策で縮小されたリザベーションとはいえ、もともと広大な土地をインディアントライブは有していたため、リザベーションとされた土地をトライブの構成員全員に分割していっても、依然広範囲の土地が余ることになる。この土地を「余剰地」といい、ドーズ法によってこの所有権は連邦政府に帰属するとした。連邦政府に帰属することになったこの余剰地は、その後白人に売却された。つまりこの法律は、一方ではインディアンの同化政策の始まりとされ、他方では連邦政府がインディアントライブからさらに広大な土地を手に入れるための政策でもあったという性格を持っている。この「ドーズ法」は「北海道旧土人保護法」のモデルといわれている。しかし大きな違いも存在し、私は必ずしもそうは言いきれない面もあると考えている。このことについては第六章で述べる。

さて、このドーズ法によってインディアンの生活はどう変わったのか。まず、インディアントライブが所有し独占的支配権を有していたリザベーションに多くの白人が入り込んでくることになった。今でもこの弊害が残っており、インディアンの土地と白人の土地がモザイク状に入り組んで統一的な土地管理ができない状況になっている。また、それまでインディアンはトライブの伝統的な土地の中で自分たちの文化を保持しながら生活することができていたが、土地が個人所有になり、その中に白人が入り込むことによってインディアンの文化や生活そのものが壊され、貧困とアルコールがインディアンカントリーを襲うことになった。このドーズ法でもインディアンは決して白人化しなかったのである。皮肉なことに、その結果、連邦政府はいっそうインディアンを援助しなければならなくなった。

インディアン自治の再構築――再組織法

ドーズ法の弊害が明らかになっていくに従い、インディアン政策も大きく転換することになっていく。一九三四年、大恐慌の時代に「インディアン再組織法」(Indian Reorganization Act) が制定された。この法律は、インディアンたちの生活を守るためにはインディアンたちがまとまって白人社会や白人文化と対決する団体を持たなければならない、とするものだった。法律によってインディアンのリザベーション内での自治を回復させ、そのための土地も回復させることにしたのである。連邦政府は土地を買い戻してインディアントライブに与えることにした。インディアンの自治を回復するために、トライブに憲法の制定を義務付け、トライブ議会の創設が認められた。

この法律に基づいて各トライブに憲法を持つ新たな団体が作られるという事態は、必ずしもインディアントライブにとって良いことだけではなかった。たとえばホピインディアンなど宗教を重視するインディアンの場合は、宗教上のリーダーがトライブのリーダーであって、選挙によって選ばれた者がリーダーになるわけではなかった。憲法や議会はホピの社会には必要がなかった。そのため今でもホピ社会では憲法に基づくリーダーと宗教的・伝統的なリーダーとが分かれているなどの問題がある。しかし、インディアントライブの自治権を回復するという点では、インディアン政策の中で「インディアン再組織法」の制定は非常に重要な意味を持っている。ただ、この政策は一九四一年以降――日本が真珠湾を攻撃し太平洋戦争が始まったことで――下火になっていった。

ホピの「雨乞い」

ホピインディアンはアリゾナ州のナバホインディアンのトライブに囲まれた小さな地域に、一〇〇〇年以上にわたって、砂漠の中の「メサ」と呼ばれる大きな丘の上に土造りの建物を建てて暮らしてきた。「キバ」と呼ばれる儀式の場を持ち、今でも電気を用いない伝統的・宗教的生活を営んでいる。丘の中腹ではトウモロコシを栽培し、それを粉にし水で溶いて「パン」のように焼いて主食にしている。私は二〇〇一年（平成一三年）にホピの「雨乞い」の儀式を見る機会があった。独特の衣装で亀の甲羅を膝の後ろにつけて踊りながら全員が半地下式のキバに入っていく。これは観光として「見せる」儀式ではなく、実際に雨が少なかったので「雨乞い」をしたものだった（カメラ撮影は一切禁止だった）。

第二次世界大戦後――援助打ち切りからトライブの権限獲得の闘い

アメリカのインディアン政策はその後、さらに大きな転換期を迎えることになる。一九五三年から始まる「終結政策」（termination policy）のためである。連邦政府の援助があるからインディアンはなかなか自立できないのだ、インディアンを政府の援助のもとに置くのはよくない、インディアンは白人と平等になるべきだ――という政策であった。これはインディアンに対する連邦予算を一切打ち切ろうというものである。「同化政策」というより「放置政策」といえるだろう。それまで連邦予算の援助を受けて、自治を回復し、病院を建て、学校を運営していたインディアン社会から、それらの予算を全部なくすということである。インディアンたちはリザベーションの中ではもはや生活することすらできなくなり、多くのインディアンが都市部に流れ、「俺たちはもはやインディアンではない」と自嘲的に語った。

この終結政策では一つ一つのトライブに対して、援助を打ち切る法律をそれぞれ制定していくことになる。こうした終結政策の中で、ほとんどのインディアントライブは、それまで認められてきたさまざまな権限を否定される事態に直面していった。五〇年代から六〇年代にかけて一〇九のトライブとバンドが「終結」させられ、一万一四六六人のインディアンが影響を受けたといわれている。

しかし、六〇年代に入ってベトナム戦争を契機とする「反戦運動」、黒人差別に反対する「市民権運動」などが盛り上がり、インディアンたちも「権利回復のための闘い」を始める。たとえばワシントン州のピージェット湾で生活していたインディアンたちは、「フィッシュ・ウォーズ」(Fish Wars)と呼ばれる闘いを始める。これは一八五〇年代に締結した連邦政府とインディアントライブとの条約で保障されていた漁業権(特にサケ捕獲権)を取り戻す闘いのことである。先頭に立っていたビリー・フランク・ジュニアは、五〇回逮捕され、五一回目の裁判で勝った。こうした民主主義の闘いの中で、インディアンたちは訴訟を通じてインディアントライブの権限・権利を取り戻していったのである。

五、インディアントライブは主権を有する集団

マーシャル判決

アメリカ合衆国とインディアンとの関係を歴史に即して見てきた。一般土地分割法（ドーズ法）の時代や終結政策の時期を除いて、連邦政府がインディアントライブの自治を認める立場に立っていたことがわかる。このようなトライブという集団に自治権や先住権が認められる根拠をもう少し考えてみよう。

アメリカでは各トライブはそれぞれが「主権団体」であるとされ、その主権の行使として「先住権」という権限が認められるとされている。では、トライブという集団に主権が認められるというのはどういう意味なのだろうか。一八二〇年代から三〇年代にかけての事例から検討してみたい。

一八二〇～一八三〇年代、連邦最高裁でリーディングケースとなる判決が次々と出された。これらの判決は連邦最高裁長官ジョン・マーシャルの名をとって「マーシャル判決」と称され、〈アメリカインディアン法〉の中でも最も重要な柱となる判決とされている。

ワーセスター事件

まず取り上げたいのはジョージア州で起こった「ワーセスター事件」である。ジョージア州では州内にあるインディアンカントリーに白人が入ることを禁止する州法が制定されていた。しかし、白人

宣教師のワーセスターはこの州法を無視してチェロキーインディアンのトライブの承諾だけを得て州内にあるトライブに入った。ジョージア州は彼を州法違反として刑事裁判にかけ、州裁判所は四年間の重労働という刑事罰を科した。アメリカ合衆国では一般的な民事事件や刑事事件には州法が適用され、裁判は州の裁判所が担当する。しかしインディアンと関わる事件については連邦裁判所の管轄にもなっている。そこでワーセスターは連邦裁判所に救済を求め、一八三二年、アメリカ連邦最高裁はこの事件について次のような判決を出した。

・ヨーロッパから隔たったアメリカ大陸は、すでに人々がおり、彼らは多くの国家（nations）に分かれ、それぞれが独立し、それぞれが自らの法によって自らを統治していた。

・ヨーロッパ人による大陸の発見は、発見したヨーロッパ人に開拓のための土地を取得する権利をそのヨーロッパ人に与えた。その限度においてインディアンの人々には完全な主権というのはなくなるが、土地を占有し自らの裁量で土地を使用する正当性は認められる。

・インディアンは、常にそれぞれ区別された独立した政治的集団をなし、有史以前からの権利を有しているが、唯一の例外は、最初の発見者が属する国とのみ、交渉・交易（intercourse）をしなければならないことである。

この判決の意味するところは、そもそもインディアンはトライブごとにそれぞれが独立し、各トライブは自らの法によって自らを統治している主権団体であった、ヨーロッパ人の大陸発見によって、土地を売買等するための交渉国がそのヨーロッパの発見国にのみ限定されるが、これに反しない範囲において有史以前からの独立性や土地の使用や利益の享受は妨げられない――ということである。この判決についてコロラド大学ロースクールのインディアン法学者であるチャールズ・F・ウィルキンソンは、交易や土地の売買などという他国民との交渉事項はヨーロッパの国の支配下に置かれたものの、対内的な統治権（internal self-government）は保持された——と評している。同じくインディアン法の権威として知られるコーエンもまた、対内的統治権（internal self-government）はトライブの主権（Tribal Sovereignty）として保持されている——とその著書で述べている。ワーセスター事件は主権団体であるトライブの支配領域に州法は及ばないから、チェロキーインディアンのトライブの承諾に基づいてその支配領域に入ったワーセスターは無罪であるとしたものである。

ジョンソン対マッキントッシュ事件

次に、同じくマーシャル長官が出した一八二三年の連邦最高裁判決を紹介しよう。これは土地の二重譲渡に関する判例である。ジョンソンという白人がイリノイインディアントライブから直接土地を購入したのだが、同じ土地をマッキントッシュという白人が連邦政府から買い取っていたため、どちらが土地所有権を取得するかが争われた。

連邦最高裁は、連邦政府から買ったマッキントッシュに土地所有権があるとし、イリノイトライブから直接買ったジョンソンは適法に所有権を取得できないとした。ワーセスター事件と比較すればわかりやすいが、ヨーロッパ人の大陸発見によって、インディアントライブから土地を買うことができるのは、唯一、発見をした国（イギリス、その後は独立した合衆国）だけなのである。逆に言うと、インディアントライブは、いくら自分の意思であっても、発見国以外の国や人にはその土地を売ることができないのである。この考え方は、「発見の原理」(Discovery Doctrine)といわれている。「発見の原理」は大航海時代におけるヨーロッパ人に都合のよい考え方であるが、当時は国際的に認められていた。インディアン側からすれば、トライブの権限(主権の範囲)が、この限度で制約される――それまで自由に交渉できていたトライブ外の集団や人との関係が自由にできなくなる――というのが「発見の原理」であった。

ジョン・マーシャルのすごいところは、この国際法を適用しつつ、残りのインディアントライブの権限、特に内部的な権限は「発見の原理」によってもで影響を受けることなくかつてと同様に存続し、インディアントライブは対内的な主権を保持している――としたことだった。

ジョージア州で「ワーセスター事件」が起こったのは一八三二年である。明治維新の三〇年以上前にアメリカの判例に基づく法制度では、インディアントライブは主権を持った一つの国家であるとされていたのだ。徳川幕府が、一六〇四年に、アイヌに対して一方では交易の相手方を松前藩に限定しつつ、他方で「蝦夷のことは蝦夷任せ」とし、人別帳を作らず課税もしなかったのは、このアメリカ連邦最高裁の判断と同じであることに気づかされる。徳川家康自身が意識したかどうかは別にして、ある意味では国際法の先取りであったのである。

その後への影響

一八三〇年代に確立されたアメリカ連邦最高裁の考え方(マーシャル判決)は、その後、カナダやオーストラリアの判例にも引き継がれた。先住する民族の自決権や先住権を認めることは、一〇〇年以上続く古くからの国際法（国際慣習法）であったといえる。

たとえばカナダでは、「トライブの土地に対する古くからのインディアンの占有・所有の事実から、先住権（aboriginal title）が合法的なものと認められてきた」（Calder vs. Attorney General of British Columbia 一九七三年）と判断されているし、オーストラリアでは、「ヨーロッパ人が大陸を発見して進出しても、そこにはすでに先住するグループ（clan or group）がおり、伝統に基づく慣習法にしたがって支配を継続している。彼らグループの伝統的な集団の権限は厳然と存在しているのである」（Mabo vs. Queenland 一九九二年）という判決が出ている。このオーストラリアでの判決ではさらに、「（対外的に）制限されているとはいえこの固有の権力は決して消滅させられることはない」とまで言い切っている。

一九八五年には、さらにアメリカ連邦最高裁が「弱い国家（インディアントライブのこと）はより強力な国家（アメリカ国家のこと）の保護の元に身を置くかもしれないが、その場合であっても国家であることを止めたり、政府としての権限・権利を捨て去ることはない」（County of Oneida vs. Oneida Indian Nation 一九八五年）と明確な判断をしている。

チェロキー対ジョージア州事件

もう一つ見ておかなければならない連邦最高裁の判決に「チェロキー対ジョージア州事件」（Cherokee vs. Georgia 一八三一年）がある。チェロキーインディアンは、後にオクラホマへ移住させられたインディアンである。ジョージア州は一九世紀に入り、チェロキーインディアンに対し、今後チェロキートライブの自治（主権）は認めない、州法を適用していく、と宣言し実行した。もともとチェロキートライブから連邦政府が土地を買い取り、その土地をジョージア州に譲渡する予定であったが、連邦政府がなかなかチェロキートライブから土地を買い取ることができないために、ジョージア州が業を煮やして実力行使に出たのである。これに対しチェロキートライブが裁判で争った。

チェロキートライブは、トライブは合衆国憲法にいう外国であり、ジョージア州は一切手を出せないと主張した。しかし連邦最高裁ジョン・マーシャル長官は、インディアントライブは他から区別された政治的集団であり自己決定権を有する州と同じ地位にある集団であるとしつつも、合衆国憲法にいう外国ではなく、「国内の保護を要する国民（国家）」であるとして、チェロキーの訴えを認めなかった（ただしジョージア州の行為は違法とされた）。そして連邦政府は彼らインディアントライブの「保護者」（Guardian）となり、インディアンは「保護される民」（wards）と判断されたのである。

ここでいう「保護者」の意味について一部の日本人法学者は、「インディアンは政府の保護下・管轄下に置かれる」という上下関係にあるかのような見解をとることがあるが、アメリカでは連邦政府がインディアントライブの Guardian になるという関係から Trust Relationship（信託関係）という考え方が生まれ、連邦政府はインディアントライブのために行動しなければならない、という関係が確立されている。このことは後に連邦政府がインディアントライブのために訴訟を提起することに関連して述べたい。

アメリカ連邦政府は、このようにインディアントライブはそれ自体が主権団体である、との理解から、各地のインディアントライブとの間で条約を締結しながら土地や自然資源を取得していった。つまり、〈アメリカインディアン法〉においては、インディアンの各トライブは、対内的には主権を有する団体として認められ、団体内の自己決定権が認められるとともに（「国家」という表現すらなされている）、土地や自然資源の支配権が認められているのである。このような各トライブは州政府とは同等の地位にあるとされている。たとえばアリゾナ州のナバホのような大きなトライブでは、支配領域内における課税権・警察権はもとより、裁判所・議会などまでトライブが有している。アリゾナ州にあるモニュメントバレーはナバホの支配領域内で、ガイドもホテルもすべてナバホによって営まれ、その収入への税金もナバホトライブに入っている。

このように、アメリカでは各トライブの主権を根拠として、各トライブの土地や自然資源をそれぞれのトライブが支配する先住権が認められている。そしてその土地支配権や自然資源の利用権はトライブの意思、つまり条約によってアメリカ合衆国に対してのみ譲渡することができるとされているのである。

六、主権とは何か

対内的主権と対外的主権

ここで「主権」の意味について考えてみたい。「主権」には「対内的主権」と「対外的主権」の二面性がある。「対内的主権」とは、国の統治権を意味し、誰がその統治権を持つのか、という議論の中で、国民主権、君主主権などの考えが出てくる。「対外的主権」といえば、国として独立しているかどうかの問題となり、「国家主権」とも称されている。日本ではこの対外的主権は独立か従属かの一〇〇対〇であるかのように思われがちである。

「対内的主権」では、誰が国政のあり方を最終的に決定するのかという問題で国民か（国民主権、人民主権）君主か（君主主権）、その両者か、さらに日本では法人である国家が主権を持つ（美濃部達吉の天皇機関説）などの考えもあった。明治憲法では一条で「万世一系ノ天皇之ヲ統治ス」と天皇主権が明記されていた。いずれにしてもインディアントライブのように対内的主権が保持されるという意味は、国の統治権が制約されることなく維持される、ということを意味しているのである。いわゆる自己決定権（self-determination）ないし自己統治権（self-government）が保持されることである。

これに対して「対外的主権」（国家主権）は、その集団が集団外とどのような関係にあるか、という問題になる。日本では独立か従属か、の二者択一のように考えられているが、対外的主権の一部が欠ける場合もあっておかしくはない。つまり独立か従属か、一〇〇対〇かなどと考えなくてもよいのである。

ＥＵやＴＰＰにおける主権の制約

最近の事例としてＥＵというヨーロッパ共同体について考えてみる。ＥＵの加盟国は相互に人の出入りは自由でビザやパスポートも不要である。本来各国が独自に課すことのできる関税などもＥＵ加盟国には制限がある。これは、ＥＵに加盟している国のそれぞれの対外的主権が制約されていることを意味している。移民問題を契機として各国が〝自国ファースト〟を主張し始めているが、これは対外的主権の制約を拒否し、自由に各国が判断すべきという考え方に基づいている。

ＴＰＰ（Trans-Pacific Strategic Economic Partnership Agreement）も同じである。ＴＰＰの問題はグローバリズムの中で、自国の対外的主権を制約することを認めるのか、それとも対外的主権の制約から逃れようとするのか――の問題と見ることができる。

地球温暖化対策としてのパリ協定なども、温暖化ガスの排出についての対外的主権の制約を加盟国が認めることを意味している。

このように考えると、対外的主権は一〇〇（独立）か〇（従属）かの二者択一ではないことがわかる。一〇〇～〇の間にはさまざまなバリエーションがあり、現代では各国が対外的主権を自ら制約していくのが国際社会での常識となっている（トランプ政権のアメリカの政策はこの逆となっている）。

アメリカにおける対外的主権の制約

アメリカでは対外的主権が制約を受けることは当たり前、という考え方が昔からあった。アメリカの州と連邦政府との関係で考えてみよう。たとえば通常の殺人事件などは州の主権の範囲の問題として州の管轄になる。しかし、その事件が連邦法の市民権法違反（たとえば黒人差別）であったとすると、同じ犯罪行為について、連邦裁判所でも刑事裁判をすることができる（ロス暴動など）。そこに「一事不再理」（一つの行為に対して二度処罰されることはない）の原則は適用されない。なぜなら州裁判所と連邦裁判所は州と連邦という違う主権団体の機関だからである。また、あとで出てくるが河川での漁猟規制（時期や漁具の規制等）は州の権限であるが、河川を遡上するサケの種の保存などの権限は連邦政府が有しており、ここでもたとえばサケを捕獲するという行為が、州法違反で州裁判所で処罰を受けるとともに、そのサケが種の保存法で保護されていれば連邦法違反としての処罰を受けることになる。

このようにアメリカでは州の主権と連邦の主権が二重になっているのである。この二重性によって、連邦法が州内の行為にも適用されるということは、州の権限が連邦の権限によって制約されていると見ることができる。アメリカは、もともと各州が「国家」(states)でありながら「統一」(united)されている国である。そこには州の主権がありながらも、連邦政府の権限によって州の主権も制約される場合があると考えられているのである。

面白いのはこの連邦政府と州の主権の範囲が時の政権によって変化するということである。大ざっぱにいえば、共和党が強い時は州の権限が広がり、民主党が強い時は連邦の権限が広がることになる。いわば、対外的主権の範囲は、「ゴムまり」のように大きくなったり縮んだり、柔軟に変化するのである。このようなアメリカの考え方からすれば、インディアントライブが対外的な主権は制約されながらも対内的主権は保持されると考えることに何の問題もなく、制約された対外的主権でありながら、集団の意思に基づく条約によってのみ土地などの譲渡が認められるとすることにも違和感はない。そもそもインディアントライブの、「制約を受けた対外的主権」という問題は、「発見の原理」による制約だけだから、このような理解はいわば当然のことであろう。

日本は歴史上、このような対内的主権・対外的主権の問題に直面することがなかった。あえて言えば、江戸時代の各藩の権限と幕府権限の関係がそれに近いかもしれない。各藩は対内的には独立し、藩主が統治権を有していた。藩内だけに通用する藩札を発行したり、刑事事件や民事事件は藩内で処理していた。そのため犯罪者は隣の藩に逃げれば警察権はおよばなかった。唯一の例外は勘定奉行配下の「関八州取締出役《しゅつやく》」（文化二年）で、天領と藩の土地で捜査をすることができた。幕府と藩との関係でいえば、幕府の権限は強く、藩には参勤交代の義務をはじめ多くの制約があり、幕府によってしばしば改易（廃藩）されたり、上知《じょうち》（土地の取り上げ）されたりしていた。しかし、明治以降の法学研究において主権論が十分研究されているとは言い難いために、ともすると対外的主権（国家主権）は、独立か従属か（一〇〇か〇か）という二者択一と思われがちである。ましてや、対外的主権が制約されながらも対内的主権が保持されている場合など想像すらされていない。これは大きな間違いだと私は考えている。

七、領土の線引きと先住民との関係

発見の原理と主権の問題

アメリカにおける「発見の原理」とこの「主権の問題」をもう少し考えておきたい。それは大国間の領土の線引きによってそこに住む先住民についても直ちに支配が及ぶとする考えについてである。前にアメリカ合衆国は一八六七年にほぼ現在と同じ広さの領土を手に入れたと述べた。しかし領土の取得と先住民の支配は全く別の問題なのである。列強国間での領土の拡張や争いは、その土地にもともと住んでいた先住民の支配を正当化するものではなく、先住民の土地支配権を少しも脅かすものではない。領土の取得は、列強国間において、そこに住む先住民から土地を買い取る権利が、その国に対して、他国に先駆けて優先的に与えられるとするものでしかないのだ。これが当時の国際法である。「発見の原理」は、あくまで先住民はその発見国に対してのみ土地を売り渡すことができるということにすぎない。

日本では、江戸時代に日露修好通商条約によってウルップ島とエトロフ島との間に国境線が引かれ、当時の蝦夷地（北海道）が日本の領土になったのだから、その土地はアイヌのものではなく日本国のものとなったのだ――という意見がある。しかし、これは国際的にも法的にも全く通用しない勝手な理解なのである。日本がロシアとの条約で蝦夷地を日本の領土としたとしても、それはあくまで日本の政府（幕府や明治政府）が、アイヌコタンとの土地の買い取り権を他国に先んじて得たということにすぎないからだ。千島列島問題も同様である。千島樺太交換条約によって、日本国が千島全島を取得しても、それは千島に先住するアイヌとの間で土地を取得する交渉権を得たに過ぎないのである。勝手に千島列島に和人が入り込んだり、アイヌを強制的に移住させたりすることは当時の国際社会からすれば違法なことであった。

八、先住権と条約――サケ捕獲権を巡って

アメリカは一七七六年に独立した。独立後の一七八七年に連邦政府はデラウエアインディアントライブとの条約を結ぶ。その後、南北戦争直後の一八六八年までに、連邦政府とインディアントライブとの間で三六七の条約を結んでいる。条約が結ばれたトライブの中には数家族という小さなトライブ（バンド）も含まれている。こうした条約のほかに、条約として成立するために必要な上院の承認を得

られなかった、無数のインディアンのリーダーと連邦政府との間で署名された条約もある。

ワシントン州のインディアンとの条約――フィッシュ・ウォーズ

一九六〇年代になってワシントン州で「フィッシュ・ウォーズ」という主にサケ捕獲権を巡るインディアンの大きな闘いが起こり、サケ捕獲権を回復させたことはすでに述べた。ここでは、フィッシュ・ウォーズに関わる先住権、条約、その後の権利について考えていきたい。

現在のワシントン州(当時、ワシントン州はまだ州ではなく「テリトリー」と呼ばれる準州だった)は、一八四六年にイギリスから割譲を受けた。はじめのうち、白人はほとんど姿を現すことはなく、現地のインディアンたちはそれまで通りの生活を営んでいたが、豊富な森林資源や水産資源を求めて徐々に白人が入ってくるようになった。そこで連邦政府は一八五三年、アイザック・スティーブンにインディアントライブから土地を買い取る条約を結ばせた。この条約の中で、オリンピック半島にあるピージェット湾沿いの二〇のインディアントライブと締結した条約がサケ捕獲権について有名になった条約である。

白人と同等の権利

この条約では次のような権限がインディアントライブに認められた。第一に土地を売り渡した残りの土地、つまりリザベーション内において排他的・独占的に土地や自然資源を支配すること、第二にリザベーション内において排他的・独占的な漁業権・狩猟権・採集権などを有すること、第三にリザベーション外で通常利用していた場所における漁業権について、白人と同等にその権利を有すること（in common with all citizens）が認められた。そしてこの第三の権限がその後ワシントン州との関係で問題となった。

条約締結直後は、白人の数が少なく問題にならなかったが、白人が河川などで漁業を営むようになると、ワシントン州はこの第三のリザベーション外におけるインディアントライブの漁業権を否定するようになった。これは白人による乱獲も手伝って、白人・インディアンともに州法による漁業規制に服するべきであると州が主張したためである。そこからインディアンと州との闘いが始まり、一九六〇年代には「フィッシュ・ウォーズ」と呼ばれるようになった。闘いの先頭に立っていたビリー・フランク・ジュニアは州法違反で五〇回も逮捕された。

ボルド判決

「フィッシュ・ウォーズ」における争点を整理してみる。インディアントライブは条約によってリザベーション外でも漁業権を有すると主張した。そして自由にサケを獲ることができるとして実行した。これに対してワシントン州は、条約ではインディアンは「白人と同等に」漁業権を有するのだから、白人に対して適用される漁業規則はインディアンにも適用される——とした。インディアンに対し何か特別の権利があるものではなく、あくまで白人と同じ権利しかないとしたのである。

この漁業規則は、たとえば河川でのはえ縄漁を禁止するなど、それまでインディアンが伝統的に行っていた漁法さえ禁止したものである。インディアンたちは、逮捕されると漁獲物だけでなく、船・

漁具などを没収された。貧困にあえぐインディアンにはこれらの没収は痛手であった。しかしそれでもインディアンたちは集会を開いて州の不当性を訴え、サケ捕獲を継続した。催涙弾を撃たれ、こん棒で殴られ、留置場に入れられ、弾圧されたインディアンたちの「フィッシュ・ウォーズ」は全米で大きな議論を巻き起こし、俳優のマーロン・ブランドはインディアンの支援に立ち上がった。このような中の一九七四年、その後のインディアンの漁業権を左右する重大な判決が出された。「ボルド判決」である。

この判決でまず重要な点は、書かれた条約の言葉の解釈についてである。前に連邦政府はインディアンに対して「保護者」（Guardian）として振る舞うと書いた。ボルド判決では、この連邦政府の保護義務からすれば、条約の言葉の解釈は条約締結に臨んだインディアンの立場を考え、条文上の曖昧な表現や法的な用語についてはインディアンがどう考え、理解したかという観点からインディアンに有利に解釈しなければならない——とした。

次に、この文言解釈に従って、インディアンはリザベーション外においてもインディアンとして漁業権を有するとした。これは条約締結時のインディアンからすれば、その支配する広大な土地を連邦政府に売り渡した場合、残りの土地だけで生活するのが困難なことは明らかだからである。条約を締結したインディアンの意思としては、売り渡したリザベーション外の土地においても、サケの捕獲など漁業をする権利を認めさせたものと解釈するのが妥当であるとしたのである。

さらに、州政府が主張していた「白人と同等に」という意味は、漁業権を否定するものではなく、慣習的・伝統的に漁業をしていた場所での全漁獲高を白人と分けるという意味で、インディアンと白人との漁獲高が五〇パーセントずつという意味である——とした。

したがって、漁業を規制する州法はインディアンには適用されず、インディアントライブは漁業権を有するとし、全漁獲高の五〇パーセントまで獲ることができる、としたのである。当時インディアンの漁獲高は白人の半分以下だったので五〇パーセントまで漁獲できるとした判断は画期的であった。

この判決は、連邦地裁判事ボルド（Boldt）の名前をとって「ボルド判決」といわれている。この事件は州が控訴したが棄却され、さらに上告したがそれも認められなかった。このような条約の解釈はその後も連邦最高裁で認められ（Washington vs. Washington State Commercial Passenger Fishing Vessel Ass'n 一九七九年）、もはや全漁獲高の五〇パーセントのシェアは当たり前になっている。「フィッシュ・ウォーズ」の結果、その後二〇のインディアントライブが共同で漁業委員会を作り、州と協力してまず州内の全漁獲高を設定したうえで、これを白人側と折半し、漁業委員会が各トライブに漁獲高を割り当てながらそれを超えないように厳格に管理している。さらには、このインディアンの漁業権を守るために州政府・連邦政府とも協力してサケ資源の保全管理にも乗り出している。サケ資源が枯渇してしまえば漁業権自体が有名無実になってしまうからである。

条約によって「認められた権利」か？

では、このような漁業権は、条約によって認められた権利なのか。それとも条約以前から存在した権限の一つにすぎないのだろうか。

「ボルド判決」をはじめ一連の判決で重要な点は、たとえばあるトライブにおいて漁業権が条約で認められていたとした場合に、この漁業権は条約によって「新しく認められた権利」ではなく、本来的にトライブが有していた権限を条約によって確認したものであるという点なのである。一般に条約の内容は、インディアンと白人との平和を保障すること、特定の土地を連邦政府に譲り渡すこと、境界を画定すること、譲り渡した土地における漁業権等を保障すること——が明記されていたが、どの条約でも漁業権は「条約によって認められた権利である」とはされていなかった。一つ事例を紹介しよう。

ウィナンス事件

一九〇五年に連邦最高裁で出された「ウィナンス事件」の判決を見てみよう。「ウィナンス事件」とは次のような事件である。

ワシントン州南部のヤクマインディアントライブ（Yakima Indian Tribe）の人たちは毎年昔からサケを捕獲していた川まで出かけ、漁期の間、川辺に仮住居を建てて住み、獲ったサケを干したりして川辺の土地を利用していた。しかしこの川の周辺の土地をこのトライブは連邦政府との条約で売り渡していた。条約では、ピージェット湾のトライブと同じようにリザベーション外の漁業権は、「白人と同等の権利を有する」（in common with citizens）とされていた。その後連邦政府からウィナンスという白人がこの土地を買い、州の許可を得てサケの漁猟を始めた。ウィナンスは、このヤクマトライブのインディアンたちが自分の所有地を通過してサケを獲りに行ったり、自分の所有地に仮住居を立てて住んだり、サケを干したりすることを拒否し、立ち入り禁止とした。

そこで連邦政府はインディアンのサケ捕獲に必要な土地利用を守るためにウィナンスを相手に訴訟を提起した（United States vs. Winans 一九〇五年）。そもそも土地所有権という権利は絶対であり、他人の土地を勝手に通行したり利用したりできないのは日本の民法でも同様である。ましてインディアンたちは、川辺の土地はすでに連邦政府に売り渡し、ウィナンスは連邦政府から正当にこの土地を買い取っていた。この土地所有権の争いという面から見れば、インディアンたちが、すでに売り渡してしまった川辺の土地に入り込むことは十分に違法ということになる。

ところが連邦最高裁は、条約によって売り渡した土地であっても、その土地を流れる川でのサケの捕獲権は「白人と同等に」認められるのであるから、その権利のためにすでに白人の所有となっている土地を通行したり、サケを干したりする土地の利用は認められる――と判断した。

そして、この漁業権（fishing rights）は、もともとインディアンが有していた広い権利の一部をなしているとし、「条約はインディアンに権利を与えたのではなく、リザベーションが条約によって与えられたものではないのと同様に彼ら自身が保持していた権利である」とした。つまり条約での漁業権は、慣習的に存在していた先住権としての漁業権が条約によって保存されたものとしているのである。このような権限は、条約で連邦政府に売り渡したり、自ら放棄したりしない限り、先住権として維持される権限であるとされている。

ワシントン州のインディアントライブの漁業権は、先住権としてもともと有していたもので、条約で漁業権そのものを売り渡していない限り、インディアントライブはその権限を有するのである。そして、条約で「白人と同等に」魚を獲ることができるとされていても、それは全漁獲高の五〇パーセントを漁獲する権利として保持され、その意味で白人と「同等」になるとされた。もともとあった一〇〇パーセント捕獲する権限（先住権）があったものを条約によって五〇パーセントを白人側に譲ったということになる。

連邦政府がインディアン保護のために提訴

この「ウィナンス事件」の特徴は、連邦政府がインディアンのために訴訟を起こした点である。これは先に述べたように一八三一年の連邦最高裁が、インディアンについて、Domestic Dependent Nation、つまり「国内の保護を要する国民（国家）」という判断をしたことに原因があった（Cherokee Nation vs. Georgia 一八三一年）。これはチェロキーが完全な独立国家（合衆国憲法上の外国）として認めさせようとして争った事件だったが、連邦最高裁はこの要求を拒否し、さらに「保護すべき民（ward to his guardian）」とした。日本でも常本照樹はこの言葉を引用して、国家の保護の下（管轄権下）にあることを強調している（『憲法はアイヌ民族について何を語っているか——個人の尊厳と先住民族』）。しかし、このインディアンがDomestic Dependent Nationであるということはたしかに連邦政府の保護を受けることになるが、それはインディアンからの「信託（Trust Relationship）」であり、連邦政府は、この信託を受けてインディアンの権利保護のために訴訟提起も含めて保護しなければならないとされている。単純に、国の保護、ゆえに国の政策にしたがうという図式ではないのである。国の保護、ゆえに国の保護義務が生ずることになるのである。

「ウィナンス事件」は、このように連邦政府がインディアンの権利を保護するために争った事件だった。ちなみに、インディアンを巡る訴訟では、連邦政府が訴えを起こすことは多い。

九、アイヌの先住権とインディアン法との比較

アイヌコタンという主権団体

アメリカ合衆国では、インディアントライブは条約によって、もともと有していた権限の一部を連邦政府に譲渡するとともに、残りの権限を保存したことになった。では、明治政府と条約すら締結していないアイヌコタンはどうなるのであろうか。サケを捕獲する権利をはじめとするさまざまな権限は未だ完全な形で保持されているのではないか――という疑問も生じてくることになる。

江戸時代、徳川幕府は「蝦夷のことは蝦夷任せ」として、各アイヌコタンを主権を有する団体として認めていた。経済的にはたしかにアイヌは和人によって搾取され支配されていた。また、政治的にも松前藩や幕府にかなり行動が制約されてもいた（対外的主権の制約）。しかし、各コタンが「イオル」という支配領域を有し、排他的・独占的漁業権・狩猟権を有し、各コタン構成員はその自然資源をコタンの法規範（しきたり）にしたがって享受しており、コタン内部の規律は慣習法にしたがって、各コタンの「長《おさ》」が執行し、司法制度さえも備えていた。

このような事実から、各コタンは対内的主権（self-government）を有した団体であり、慣習によって認められてきた支配領域内の漁業権や狩猟権等は、この主権に裏打ちされた〈先住権〉として保持されていたと認められる。この〈先住権〉やその権原である主権は、アイヌ自らの意思で放棄する場合を除

いて失うことはないのである。

アメリカにおける連邦政府‐インディアンの関係と、日本におけるアイヌ‐明治政府との関係を比較したとき、明治政府が条約を締結することもなしに、各コタンが有していた主権や先住権を各コタンの意思にかかわらずに奪うことはやはり合法的行為とはいえず、明確に違法行為、つまり日本国家、ときの明治政府による各アイヌコタンへの侵略行為であった——と評価しなければならないことがわかる。したがって、各アイヌコタンは、依然としてその主権や〈先住権〉を回復する正当な権利を持っているのである。

以下、〈先住権〉の内容についてインディアンと比較しながら具体的に考えてみよう。

土地について

各コタンが支配していた土地はまずは返還の対象になるはずである。日本では、この土地問題について賠償問題と考える人が多いが、賠償問題を考える前に、まずは土地の返還を考えなければならない。返還が何らかの事情で不可能な場合に、最後の手段として賠償問題となるのである。

アメリカでも、土地の返還および賠償問題については現在でも依然くすぶっている問題である。もともと土地賠償に関する法律問題は一九世紀に設立された「請求裁判所」（the Court of Claims）に特定の事件だけが取り上げられた。その後一九四六年に「請求委員会法」（the Indian Claims Commission Act）が成立し、およそ政府の不正や条約の不履行など、法の支配と平等に反する土地問題の事案について請求委員会が裁定を下せるようにした。この請求委員会の手続きで合計八〇〇〇万ドルを超える賠償金が、問題となった各トライブに支払われた。ただ、複雑な事件はこの請求委員会では裁定できなかった。そこで一九七八年に委員会を解散し、請求裁判所の管轄と変更した。請求裁判所での著名な事件に「ブラックヒルズ事件」がある。

ブラックヒルズ事件

一八五〇年代、スーインディアンは、今のノースダコタ州・サウスダコタ州・モンタナ州などに広がる広大なリザベーションを有していた。この支配領域内に「ブラックヒルズ」という山岳地帯があり、金・銀鉱脈が発見されていた。多くの白人が条約に違反してブラックヒルズに殺到し、スーとの軋轢《あつれき》が生じるようになった。連邦政府はスーインディアンのトライブと新たな条約を締結してなんとかこのブラックヒルズを買い受けたいと交渉をしたが、スーにとってこのブラックヒルズは神聖な土地であり、決して手放すことのできない土地であったため、交渉は難航した。一計を策した連邦政府は、冬期間に多くのスーが狩猟のためにカナダの方まで遠征していたことに目をつけ、この遠征問題を取り上げて、一八七五年一二月六日、「もし七六年一月三一日までにリザベーションに戻らなければ連邦政府に対する敵対行為とみなす」と一方的に宣告した。数百キロも離れて狩猟に出かけたメンバーはどこにいるのかすらわからない状況で、連絡の取りようがなかったため、結局期限内に遠征メンバーは戻ってくることができなかった。そのため連邦政府は「これは戦争行為である」として、スーインディアンに対して戦争を仕掛けた。この戦争は、カスター将軍率いる第七騎兵隊とシッティング・ブル率いるスー連合軍約二〇〇〇名との戦争であった。モンタナ州のリトルビッグホーンでの戦いでは、スー連合軍がカスター将軍を殺害し、圧倒的勝利を収めた。しかしその後スー連合軍のメンバーは自分たちの地元へと散ってしまったため、シッティング・ブルは追い詰められ、敗北する。この戦争の代償としてスーインディアンたちはブラックヒルズを失った。

一〇〇年以上たって、このブラックヒルズは連邦政府が違法にスーから取得したものであるから賠償を求めるという訴訟が提起されたのである。

その結果、一九八〇年、請求裁判所が連邦政府の違法行為であったことを認め、ブラックヒルズの当時の価格に一〇〇年以上の遅延損害金（利息）を付け一七五〇万ドル（約五〇億円）の賠償を命じる判決を出した。

この判決のニュースは日本の新聞にも掲載され、多くの日本人はその賠償金額の大きさに驚いたが、スーインディアンの中には、金銭での賠償で終わってしまうことに対する不満が依然残っていた。あくまで聖なる土地を返せ、というのが彼らの要求なのである。土地は、単に経済的価値だけで評価できるものでなく、宗教や文化の源であり、アイデンティティーの基なのである。現在のブラックヒルズは一切の開発が禁止された州立自然公園となっている。

土地こそが生きる場

アイヌの場合も、まずは土地の返還を考えなければならないとする理由はここにある。人は誰でも生まれ育った土地がその人の世界観や人生観、もっと平たく言えば人柄を決める。土地こそが人が生きる場であり、そこで生きる人たちがさまざまな文化を生み、文化を育て、文化を支える源である。土地を失ってしまっては、その文化は「過去の文化」でしかなく、過去から明日へと紡いでいく生きた文化とはならない。日本の多くの「故郷《ふるさと》」が高度経済成長の時代に開発でなくなり、あるいはその後過疎化が進んで地域文化自体が失われつつあるのは、土地と人の繋がりが無くなったからだと思う。帰る故郷を持てないことほど悲しいことはない。私は、アイヌに対し、まずは土地の返還を考えるべきだと思う。

アメリカの戦後の終結政策によってリザベーションを離れて都市に行かざるを得なかったインディアンたちが、自分たちについて「もはやインディアンではない」と話していたことを前に述べた。故郷の土地に生きること、土地から生まれる文化、そこで育まれる人々のアイデンティティーについて我々はもっと真摯に考えなければならない。

サケ捕獲権について

現在の北海道におけるサケ漁について考えてみる。アイヌの場合は主に河川におけるサケ漁であるが、この河川におけるサケ漁は、現在は、「北海道内水面漁業調整規則」という北海道の条例等によって、和人を含めてすべて禁止されている。唯一、アイヌの場合は教育・文化保存目的などの場合に北海道知事の許可を得てサケを獲ることができるが、それ以外ではアイヌは自由に河川でサケを獲ることはできず、もしそれを行えば直ちに密漁とされてしまう。

しかし、先住権としてかつてのアイヌコタンは漁業権を有していたのだから、現代においてもアイヌコタン、あるいはアイヌコタンを引き継いでいる集団はサケ捕獲権を有しているとしなければならない。

ここでサケ捕獲権に関連して・サケ資源・河川管理の問題についても考えてみたい。

太平洋北西部インディアン漁業委員会の取り組み

二〇一七年五月、私はワシントン州オリンピア市にある「太平洋北西部インディアン漁業委員会」を訪問した。「太平洋北西部インディアン漁業委員会」とは前述した二〇のインディアントライブがまとまって作っている漁業委員会である。アメリカでは七〇年代の「ボルド判決」によってサケ捕獲権が伝統的漁場の漁獲高の五〇パーセントまで認められていたが、このインディアン漁業委員会は、その漁獲高を守るためにさまざまな取り組みをしている。たとえば、それまで白人によって行われていた人工ふ化事業に対する取り組みなどである。

一般に人工ふ化事業は、サケの遺伝子を単一化させ、大量のサケを「増産」させる。その結果、大量の稚魚が病気にかかり、それが放流されて他のサケにも病気が広がる恐れがあることが指摘されてきた。そこで漁業委員会では、人口ふ化事業による放流数の制限や稚魚の病気を減らす研究に取り組

サケ捕獲権に基づいてマカートライブで捕獲したサケやオヒョウ

んでいる。またサケの自然産卵を保護するために、サケの遡上を妨げるダムなどの撤去にも取り組む。つまり「ボルド判決」でサケの全漁獲高の五〇パーセントが守られたとはいえ、サケ資源そのものが消滅してしまえば条約上の権利も失われてしまうため、さまざまな取り組みをしているのである。

ワシントン州では、実際に漁業を営んでいるマカートライブやローワーエルワクララムトライブも訪問した。マカートライブでは「ボルド判決」でサケ捕獲権が認められて以後、サケ以外の水産資源である貝類やコククジラの捕獲権を勝ち取った。ただ、クジラの捕獲は自然保護団体の反対もあって現在は行っていない。しかしトライブの生態学者の調査研究が進んでおり、近々捕鯨を再開するつもりだという。トライブ内の集落のうち、伝統的に捕鯨をしていた五つの集落が、それぞれ一頭ずつのコククジラを捕鯨するようにしたいそうだ。トライブが真摯に生態学の調査研究をし、自らの捕鯨の権利を失わないように細心の注意を払っていることに私は感動した。

エルワダムの撤去運動

ローワーエルワクララムトライブは、「エルワダム撤去」の運動をしていたことで有名なトライブである。「エルワダム」はオリンピック半島のエルワ川上流部にあるダムで、エルワ川はシヌークというサケ（日本でいうマスノスケ＝キングサーモン）が遡上する川として有名だ。サケの産卵のための遡上がこのエルワダムによって妨げられていた。エルワダムはインディアンだけではなく自然保護団体からも撤去を強く求められていたダムだった。このダムは水力発電用のダムで、電力は近くのポートエンジェルスという町の木材・製材業に供給されていた（この中には日本の製紙会社も入っていたそうである）。

しかし、このエルワダムは、サケの保護のためにクリントン政権時代に撤去が決定された（連邦政府がエルワダムを買い取って撤去することにした）。現在はエルワダムは撤去されており、自然の流れが戻ってサケが遡上している。

マカートライブもローワーエルワクララムトライブも、トライブ自身で科学者を雇用し、水産資源の保護のために調査研究を行い、州や国の研究機関とも連携をとっている。

エルワ川のダム貯水池の跡地

日本もアイヌコタンがサケ捕獲権を復活・再生し、さらにサケ捕獲権の次のテーマとしてサケ以外の水産資源の捕獲権と河川生態系の保全管理にまで進む必要があろう。そしていつの日かアイヌコタンが、サケの自然産卵床の保護のために上流でのダム建設に異議を唱え、ダムの撤去やダム建設を差し止める日が来ることを私は望んでいる。

第五章　憲法と先住権、先住権の主体としてのコタン

一、憲法と先住権

日本国憲法にないコタンの先住権

第三章と第四章では、アメリカのインディアントライブと比較しながらアイヌコタンという集団の「先住権」という権限について考えてきた。このようなアイヌコタンの先住権は、日本国憲法には全く記載がない。それどころか、「欧米の法体系を継受した日本では権利主体は原則として個人とされている」（常本照樹「アイヌ民族と「日本型」先住民族政策」）として、民族（集団という意味と思われる）が権利主体となることは認めにくいと考えられている。この考え方からすると、アイヌコタンの権限を認めることは憲法に反するということにもなる。

そこで、本章ではアイヌコタンの先住権と憲法はどのような関係にあるのかを考えることにする。

憲法で規定する国民の権利は「基本的人権」ないし単に「人権」と言われている。では、これまで述べてきたようなアイヌコタンの「先住権」は、憲法が規定する「人権」なのだろうか。まずはじめに合衆国憲法ではインディアントライブの権限はどのように考えられているのかを検討し、次に日本国憲法で保障する人権とは何を意味するのか、最後にそこでいう人権の中にアイヌの先住権が含まれるのかどうか、について考えていくことにする。

合衆国憲法とインディアンの権限

合衆国憲法には「インディアン」という言葉は、一条三項の「納税義務のないインディアン（Indians）を除いた……」という箇所と、八条三項の「インディアントライブ（Indian Tribes）との通商を規制する権限は連邦議会にある」とする箇所の二カ所だけに書かれている。

合衆国憲法では、そもそもインディアントライブの存在の有無やその権限について規定しているわけではない。憲法に書かれているインディアンに関する二つの条項のうち重要なのは「通商条項」と呼ばれている八条三項の条文で、「連邦議会だけがインディアントライブとの関係を定めることができる」と解されている。では、合衆国憲法のもとで、インディアン、特に主権団体とされるインディアントライブはどのような集団・存在とされ、またインディアンの権利についてはどのように捉えられているのだろうか。

インディアンの権利の捉え方

そもそもインディアンという存在は、イギリスの植民地時代にすでに認知されていた。第四章で触れたようにイギリス国王は各インディアントライブを主権団体と考えていた。当然ながらアメリカ合衆国が独立した時点でもインディアントライブは条約によって政府が土地を買い取る交渉ができる唯一の主権団体とされていた。このことから明らかなことは、インディアントライブは憲法が成立する以前から、つまりアメリカ合衆国という国家が成立する以前から存在する集団であったということである。だから、合衆国憲法にその存在について規定することはそもそも意味がなく、逆に、インディアントライブという集団の権限について合衆国憲法に規定することは、インディアントライブという集団の主権を侵害することとされた。

ただ、インディアントライブと条約を締結して土地を取得したり、そのための交渉をしたりすることはアメリカという国家の存立上必要なことであった。そのような権限を連邦政府に与えるのではなく連邦議会の権限であると明記したのが合衆国憲法であった。一般に「通商条項」と称される合衆国憲法八条三項によって、当初は連邦議会の制定した通商法などでインディアントライブの土地に勝手に入ることを禁止した。その後、インディアントライブとの通商以外の幅広い事項についても、この条項を根拠にすべて連邦議会の権限とされるようになった。したがってインディアントライブとの交渉なども実際は大統領の下で行政機関が行っているが、これらの行動はすべて連邦議会の監督のもとで行われるのである。

連邦政府と連邦議会

連邦政府は大統領を頂点とする行政機関である。これに対して連邦議会は、単に立法府という意味にとどまらず、国権の最高機関と位置づけられ、強い権限が与えられている。合衆国憲法を継受した日本国憲法も四一条で「国会は国権の最高機関」としているが、日本では実際には内閣という行政機関が強い力を持ち、この憲法の条項は有名無実化している。たとえば国会で行政官僚を証人として喚問することなどはほとんど行われていない。国会は「多数決の場」と化し、国会の権限が事実上低くなっている。これは日本が長年の官僚制度のもとで行政官僚が政治の実権を握っていることと無関係ではないだろう。これに対しアメリカでは連邦議会が大きな権限を持っているので、議会の公聴会などで官僚のトップが証人として証言をするのは日常的な光景である。

連邦議会は、合衆国憲法八条三項に基づいて、さまざまな法律を制定している。第二章でサンタクララプエブロ事件について触れたが、そこに出てくる「インディアン市民権法」は連邦議会の法律であった。また、インディアントライブの経済活動のための「インディアンカジノ法」も連邦議会によって制定され、前章で述べた「終結政策」も連邦議会の法律によって実行された。これらの法律は議会によって一方的に制定され押しつけられるのではなく、基本的には各インディアントライブの承諾のもとに執行されていく。その点が重要である。

では、合衆国憲法や連邦議会の権限から規定されるインディアントライブという集団の地位は、アメリカ合衆国の権力機構とどのような関係にあると理解すればよいのだろうか。第四章で書いたようにインディアントライブは州とは対等とされているので、連邦政府、連邦議会との関係を問題にする。

すでに書いたようにインディアントライブは対外的主権が制約されながらも対内的主権は保持された集団である。ただ、主権団体であるとしても外国のような国とは異なるとされ、連邦政府が保護者という立場に立ち、インディアンから信託を受けてインディアンやインディアントライブを保護すべき関係（trust relationship）に連邦政府はあるとされている。

連邦議会との関係では、議会はインディアントライブに対して強力な力を有しているから、たとえばインディアントライブの土地を収用することも可能である（ただし合衆国憲法修正五条によって正当な補償をしなければならない）。しかし一方では、連邦議会もインディアンから信託を受けた者としてインディアンの利益になるように行動しなければならない。連邦議会には矛盾するようなこの二つの行動規範があるのである（United States vs. Sioux Nations of Indians 1980）。つまり、インディアントライブは、州政府とは同等の立場にあり、連邦議会との関係ではその権限のもとに置かれる存在ではあるものの、連邦政府および連邦議会は常にインディアントライブを保護すべき義務を負うという関係にある、ということになる。

合衆国憲法とトライブの関係

このようにアメリカでの憲法とインディアン、インディアントライブとの関係は、合衆国憲法でもインディアントライブの集団としての権限を認める規定、あるいはそれを否定する規定などはないということである。そのため、「欧米の法体系を継受した日本では権利主体は原則として個人とされている」（常本）から、アイヌコタンという集団の権限は認められない、などと単純に言えるものではないことも明らかである。

また、インディアントライブの権限の行使として行われるトライブ構成員個人の権利の行使（漁業権など）は、憲法に規定されている人権とは考えられていない。

なお、ここでの議論はインディアントライブという集団の権限と憲法との関係であるから、インディアン個人がアメリカ国民として憲法の人権によって保護されていることとは別の議論であることに注意しなければならない。

合衆国憲法でのインディアントライブの位置づけを確認したうえで、日本国憲法とアイヌとの関係を次に考えてみたい。アイヌコタンという集団の権限が、日本国憲法にいう基本的人権ないし人権として保障されているのかどうか——ということについてである。その検討の前に、日本国憲法が国民に保障している基本的人権ないし人権とは何なのかについて見てみる。

憲法の規定する基本的人権

本書の冒頭に日本国憲法の条文を引用した。再度確認すると、憲法九七条は、「この憲法が日本国民に保障する基本的人権は、人類の多年にわたる自由獲得の努力の成果であって、これらの権利は、過去幾多の試錬に堪へ、現在及び将来の国民に対し、侵すことのできない永久の権利として信託されたものである」と規定している。

ここで言う「人類の多年にわたる自由獲得の努力」とは、主に一八世紀以降の欧米における多くの革命を指している。一七七六年のアメリカ独立革命、一七八九年のフランス革命が特に有名であるが、それ以前のイギリスの名誉革命、ピューリタン革命などもある。これらの多くの革命の中で、数多くの人権論が主張された。そしてアメリカ独立宣言（一七七六年）、バージニア権利章典（一七七六年）、フランス革命の際のフランス憲法制定会議で採択された人および市民の権利宣言（フランス人権宣言、一七八九年）などで人権というものが定められた。フランス人権宣言では、個人主義・権力分立・国民主権なども謳われた。

日本国憲法に規定する人権は、これらの近代民主主義革命の成果であり、無数の人民が血を流すという「過去幾多の試錬に堪え」たものであると憲法自身が明記しているのである。私たちは、いわば欧米における近代民主主義を獲得するための血の闘いの成果を受け継ぐものとして日本国憲法を制定した。

これらの人権の歴史からわかることは、人権というものは長い革命の歴史の中で闘って勝ち取った成果であるということである。何と闘ったのかというと、当時の権力者（王政あるいは絶対君主、専制君主）と闘ったものであり、したがって、人権はこれら権力者に対する人民の権利として生まれたものだということが人権の人権たるゆえんなのである。つまり、憲法の規定する人権は権力者の横暴を縛り、人民（people）を守るものなのである。権力分立も権力の集中によって人民の権利、利益が侵されることを防止するための制度であるから、人権規定と併せて、近代憲法全体が人民の権利、利益を守る盾となっていることが理解されるだろう。最近、日本国内では憲法改正案を巡る議論の中で、憲法に国民の義務を規定することが問題になっているが、憲法というのは権力者の横暴から国民を守る規定なのであるから、憲法に国民の義務を規定することは本末転倒だという意味もわかるであろう。

ここで「人民」と「国民」の違いについて触れておこう。「人民」（people）は、権力者に対立する集団をさすが、「国民」（nation）は「国籍を有する人」という意味とされ、対権力との関係が薄まる。ＧＨＱは、人民（people）という言葉を用いていたが、現在の憲法を制定した第九〇回帝国議会では人民（people）ではなく国民（nation）とした。私は、前述した人権の歴史から考えれば人民（people）が正しいと考えている。

このように人権という言葉の意味・内容から考えたとき、アイヌの権利ははたして人権なのだろうか？

憲法とアイヌの権利、アイヌコタンの権限

本書では、主にアイヌの集団の権限――つまりコタンの権限について説明をしてきた。ただ、憲法とアイヌの関係を考える場合には、アイヌの人たちの有するはずの権利や権限について、さらに二つの面があることを見なければならない。それはアイヌ個人の権利と今まで述べてきたコタンという集団としての権限の二つである。そこで、まずアイヌ個人の憲法上の権利について検討し、次にアイヌコタンとしての集団の権限について考えることにする。

アイヌ個人の権利といっても、サケ捕獲権などコタンの集団の権限をその構成員として実行できるかどうかは、そもそも集団の権限が認められるかどうかの問題になるので、ここでいうアイヌ個人の権利とは分けて考える必要がある。

アイヌ個人の権利

アイヌの人たちは江戸時代まで幕藩体制の外にいた「化外《けがい》の民」だとすると、現代においても、いわば「外国人」と同じようにその権利を考えればよいのだろうか。

たしかに幕藩体制下において、アイヌの人たちは「化外の民」として「幕藩体制と対峙」する、つまり当時の和人と対立する存在であった。しかし幕藩体制が崩壊し、明治政府は一八六九年（明治二年）に一方的に蝦夷地の内国化（つまり日本とする）を進め、「化外の民」の存在を全面的に否定し、「化外の地」に住むアイヌの「国民化」を強力に推し進めた。

たとえば一八七一年（明治四年）四月、明治政府は戸籍法を作った。その前文では、戸籍によって国が保護すべき者を明らかにするのは当然であり、戸籍が明らかではない者は国の保護を受けることはできない、としている（榎森『アイヌ民族の歴史』）。明治政府が国民保護の名のもとに全国民を対象に戸籍を作り、「蝦夷ト雖トモ斉《ひと》シク国民タルヲ以テ……別《わか》タス」として一方的な戸籍の登録によってアイヌの人たちを「日本国民」としてしまった。

したがって、アイヌの人たちは日本政府によって日本国民とされたのだから、日本政府は、アイヌの人たちに対し、「等しく」国民としての権利を認める義務があるのである。

また、日本は第二次世界大戦の敗戦を経て新しい憲法を制定し、世界の近代民主主義国家の一員となった。そして日本政府は戦前に引き続きアイヌの人たちを国民として保護すべき義務を負っているのであるから、国民の権利である憲法上の人権をアイヌの人たちが有しているのは当然のことである。明治政府が一方的にアイヌの集団の主権を奪ったことについて、このアイヌの集団の権限がアイヌコタンに認められるかどうかという論点とは全く別に、現時点においてアイヌの人たちは「日本国民」として等しく憲法上の権利を享有していることに変わりはないのである。

憲法上の人権というのは、支配される側の人民が、支配する側に対する盾として認められるものである。アイヌの人たちが現実に日本において支配される側に立っているのであるから、支配する側に対して人権が認められなければならない。アイヌの人たちは、一八六九年（明治二年）まで「化外の民」として支配されなかったにもかかわらず、その二年後に「日本国民」として編入されて、明治政府によって直接支配されるようになり、実際に「日本国民」として現在他の和人と同様の地位にあるとされている以上、支配者（権力者）に対して憲法の人権を主張することは当然に認められなければならない。

アイヌは、一方では日本国の保護を受けることができる日本人として権利を主張できるとともに、他方では、アイヌとして日本国に対して和人とは別の権利を主張できる先住民だということが重要なのである。アメリカでは、一九二四年に法律を制定し、アメリカで生まれたすべてのインディアンは、合衆国の市民であるとされている。合衆国の市民であるということは、インディアンという、他の白人とは別の権利を主張する資格には一切影響を与えないとの判決もある。

このようにインディアンあるいはアイヌという資格やその権利が、その国の市民や国民になったということから失われるような事態は決してあってはならない。そのような事態こそが典型的な同化政策だということを知るべきである。そしてそれは平等権に反することになるのである。

以上から、アイヌの個々の人たちは、日本国憲法で保障する人権を和人とまったく同様に享有していることになる。第二章でアイヌの平等権の問題を考えるとき、アイヌの法的地位を制度として確立したうえでアイヌが和人とは「異なる地位」を有するものを前提として考えなければならない、と指摘した。この「異なる地位」とはアイヌコタンの権限を確立することであるから、ここで憲法との関係で触れるアイヌ個人の権利の問題とは異なる。

アイヌ個人の平等権の問題

アイヌの人たちは差別されない権利、つまり平等権を人権として有している。あくまでアイヌ個人が和人と平等でなければならないという個人の権利である。ただし、ここで注意を要するのは、時には和人にはない優遇的制度を要求するものである点である。たとえば、大学などの教育の場において入学定員の○○パーセントはアイヌの学生を入学させる、公務員の○○パーセントはアイヌの人たちを雇用するなどが考えられる。日本でも、障害者や女性の雇用の平等を実現するために、すでにこのような制度は採用されている。アイヌの子供たちへの就学援助などもこの平等権実現の問題と言えるだろう。現在でもすでに行われている制度としては、文化伝承への援助制度などもここに位置づけられる。

アメリカでは白人と黒人の平等権の実現のために黒人の大学入学定員枠を設けるなどの制度が実現している。ただ、アメリカではこの黒人の入学定員枠について、白人側から点数が高くても入学できない学生が発生しているとして「逆差別だ」という声も上がっている。しかしアイヌの場合は、このような「逆差別」と言われるほど制度が完備していないのが実態である。

アイヌ個人がこのような優遇的制度を権利として要求できるのはなぜか。それは、従来、アイヌの人たちが不平等に扱われてきたことに対する実質的平等の回復という意味があるからである。このような実質的な平等を実現するためには、優遇制度によって平等を回復させる必要がある。アイヌの一人一人はこのような平等権を個人として主張できるのである。したがって、このような優遇制度なども実際に平等が実現されればなくなるものである。

アイヌコタンという集団の権限

次に、アイヌコタンという集団の権限と日本国憲法とはどういう関係にあるか考えてみる。第四章で先住権について触れたが、先住権の根拠となるのは対内的主権であった。つまり自己決定権を有し、独自の支配領域を持った集団ゆえに認められる権限が先住権である。

このような権限を持つアイヌの集団であるコタンは、江戸時代以前から存在し、徳川家康はそれを認めていた。つまり、「化外の民」という言葉は、幕藩体制によっても支配されない、このようなアイヌ集団の存在を認めていた証拠ということなのである。このようなアイヌ集団としてのアイヌコタンとそのアイヌコタンが有していた先住権は、明治以降、日本政府によって侵略されながらも、依然、失ってはいない。なぜならそれはアイヌコタンという集団の意思に基づいてのみ「失われる」ものであり、アイヌコタンという集団はこの権限を過去において放棄していないからである。

このように考えると、アイヌコタンという集団とアイヌ先住権とは、日本国憲法が制定される以前から存在していた集団とその権限であることがわかる。つまり、アイヌコタンとアイヌ先住権は、日本国憲法制定以前から、また近代日本が成立する以前から、さらには律令国家の成立以前から、存在し、脈々と継続してきた集団とその集団の権限だということなのである。このことを一言でいえば、アイヌコタンは日本という国から見れば前国家的存在であり（日本国家成立以前から存在した集団という意味）、アイヌ先住権とは、前憲法的権限であるということなのである（憲法ができる前から権限として有していたということ）。

人権が、国内における支配者（権力者）と被支配者との関係を規律する権利であるとすれば、アイヌの集団の権限は、日本国と対等な立場でお互いに向き合う集団同士の権限の問題だということがわかる。繰り返しになるが、明治以降の近代日本との関係では、アイヌコタンという集団は近代日本国家が成立する以前からの存在であって、したがって当然、近代日本国家によって規律される対象ではないのである。そうである以上、この集団の持つ権限は「国内的」な支配者対被支配者との関係を規律する人権の問題ではないということも理解できよう。

榎森が『アイヌ民族の歴史』で江戸時代のアイヌについて述べた、アイヌは「幕藩体制国家そのものと直接的な対峙関係に置かれ」「化外の民」とされた――ということが、現代においても法的には続いているということなのである。アイヌが自らの意思によって、その集団を解散し、先住権を放棄していない以上、アイヌコタンは、依然として日本国家と対峙し、日本国家の支配を受けずに先住権を主張できるはずなのである。

このように考えてくると、憲法にアイヌの集団としての権限（先住権）が規定されていないのはいわば当然のことである。万一、憲法に「アイヌに関する規定」が存在していたら、日本国憲法自身が、明治以降の侵略を肯定する立場に立つことになりかねない。なぜなら憲法の中に「アイヌに関する規定」があることは、日本という国家の中にアイヌの集団を吸収し、一つの国家内の問題としてしまうからである。したがって、一部の学者がいう「憲法が集団の権利を基本的に認めていない」としてアイヌコタンという集団の権限を認めようとしない見解も、憲法の問題として考えれば、「的外れ」であり、かみ合わない議論ということになるのである。二〇一八年に刊行された中村睦男の『アイヌ民族法制と憲法』でも、アイヌ先住権を憲法の中でどのように位置づけるかの議論に終始している。これは日本の憲法学会のレベルを示すとともに、先住権についての正しい理解を広めることに逆行するものと言うほかない。

白紙状態から三つの選択肢に向かって

そもそも憲法は、アイヌコタンの存在についてもアイヌコタンという集団の権限についても一切触れていないと考えるべきで、実際触れていないのである。したがって、アメリカのインディアントライブのように連邦議会の規制にしたがうような存在ではなく、連邦議会によるその権限の制約を受けるようなこともない、ということなのである。そういう意味では、現状では、憲法とアイヌコタンという集団とその権限との関係は、全く白紙状態であるということになる。

したがって、今後、アイヌコタンを再生させたり、あるいは復活させたり、また集団の権限である先住権を認めようとする場合は、それはアイヌの人たちが決めていけばよいことなのである。つまり、歴史を明治政府が侵略する前にさかのぼり、あらためて和人社会（国家）とアイヌ社会（アイヌコタン）

とのあり方をアイヌ自身が決定していくということなのである。今考えられるこのような「あり方」の選択肢は、三つある。一つはアイヌが集団として独立すること。二つはアメリカのように国内的存在という前提に立ちながら自決権を有する存在となること。この場合には日本国内での先住権を認める方向になるだろう。三つ目はアイヌの自決権を放棄し完全に和人と同様になりつつ「文化や福祉」等の援助をアイヌ個人が受けることである。私は日本政府が導こうとしている方向はこの三つ目の方向だと考えている。なぜなら、次項で述べるが、内閣官房アイヌ総合政策室アイヌ政策推進会議の作業部会はアイヌ遺骨の返還先について、現代において「コタンもしくはコタンに代わる受け皿となる集団は存在しない」と明言しているからである。集団が存在しない以上、第一と第二の選択肢はあり得ない。

そしてこの三つのどの選択肢も、「憲法が認める方向」であるとか「憲法違反」であるということにはならない。それは、アイヌの集団としての存在が前憲法的・前国家的存在であり、その集団の権限が前憲法的・前国家的権限なのであるから、憲法に規律されているわけではなく、憲法の枠外にあるからである。ただし、日本政府がアイヌの意思を無視して三つ目の選択肢を強制する場合には、国際法上違法になる。それは暴力的な侵略と同じであり国連憲章二条に違反するからである。

私は、この選択肢の中のどれがよいかを決める立場にはない。それはアイヌ自身が決めることであって、私たち和人ができることはアイヌの人たちにその選択肢を示し、アイヌの人たちにおいて自由な選択ができる場を作ることしかない。

以上のように考えると、憲法がアイヌについて全く規定を有していないことは当然のことであり、アイヌコタンという集団の権限を憲法上議論すること自体に無理があるうえ、そもそも「的外れ」なのだということが理解できよう。

現代におけるコタンはどこにあるのか？

もう一つ忘れてはならない問題がある。それは現代においてアイヌコタンという集団が存在するのか、という問題である。明治以降の政府の同化政策によって、アイヌコタンという集団がすでに存在していないのであれば、その集団の権限などを検討する必要はない――と考える人たちがいる。

日本政府（内閣官房アイヌ総合政策室）の基本的考えは、すでに書いたように、アイヌ遺骨の受け皿問題のときに示された。アイヌ遺骨に関する政府の基本的考えは、①諸外国では「先住民族」に返還するのが通常である、②日本ではアイヌコタンに返還するのが望ましいが、現実問題としてコタンまたはコタンに代わる受け皿がない、③ゆえに祭祀承継者に返還する、④祭祀承継者のいない遺骨は象徴空間というテーマパークに集約する――という考え方であった。

「先住民族」というのは、indigenous people の訳であるが、たとえばアメリカではトライブのことを意味する。日本ではアイヌコタンをさす。日本政府は、アイヌ遺骨は発掘された地域のアイヌコタンに返還するのがスジだと言っているわけである。しかし、アイヌコタンやその受け皿となるアイヌの集団はないから民法によって祭祀承継者への返還しかないと断定しているのである。

そこで、アイヌコタンの集団の権限を考える場合、やはり現在においてアイヌコタンは存在するのかを検討しなければならない。

二、コタンは存在するのか――現代におけるコタンの考え方

本書ではこれまで、アイヌの法的地位を考える際に、まずアイヌコタンという集団が主権を有する団体であり、その支配する土地や自然資源に対する権限（先住権）を有している――ということを第一に考えるべきことだと書いてきた。

そして、この考えに対する日本政府の考え方は、現在の日本には、かつてのような集団として権限を認められるようなコタンは存在しない――というものであることも述べた。日本政府のこの見解は「日本にアイヌの人たちはいるが、集団としての権限を持つ〈先住民族〉はいない」ということである。そしてこの見解の下で二〇一九年にアイヌ新法〈二〇一九年法〉が成立させられようとしている。

このアイヌ新法案ではじめてアイヌを「先住民族」とした。しかしこの法案は、アイヌという個人がいることを認めているだけで集団としての indigenous people（先住民族）の存在を認めたものではない。北海道旧土人保護法がアイヌ個人を「旧土人」という差別的表現でその存在を認めていたことと違いはないのである。

そこで重要なテーマとなってくるのが、アイヌコタンという集団は政府がいうように現在の日本に本当に存在していないのか、ということである。このことはどの範囲において、どのようにアイヌコタンの復活・再生が可能かという問題ともつながるので、極めて重要なポイントとなってくる。

もちろんここで私がいう「コタンの復活・再生」というのは、昔のままのコタンを復活させようと

するものではない。現代を生きるアイヌが現代において「主権を有する集団」としてのコタンを復活・再生することを意味している。

コタンとは何か

ここでコタンについて整理しておきたい。私が今まで述べてきたアイヌコタンというのは、その大きさや支配領域の範囲において固定した集団を意味するものではない。アイヌの歴史の中で各コタンはその時々でその支配領域の範囲や構成員の範囲などが変化しているからである。

たとえば河野広道は『墓標の形式より見たるアイヌの諸系統』という論文で「いうまでもなく、昔時アイヌは各血族団体が部落を形成し、これ等の集団が部族的集団をなしていたものであるが、（中略）生産物（食糧）の過不足に支配されて、飢饉の時には時々集団的大移動を起こし、その途上他部落或いは他部族と戦い、東進北退幾多の変遷を経て今日に至ったもので、諸部族の領域も、時の推移と共に著しく変化している」と指摘している。「部落」とはコタンの意味で、「コタンの集団が部族的集団をなして」というのは、後述するコタンの集合体ということである。河野が指摘するコタンの領域などが歴史と共に変化してきたことはいわば当然のことと思われるが、残念なことにそうしたコタンの変遷についての詳細な研究はない。地域的に限定された研究論文はいくつかあるが、蝦夷地全体についての各コタンの歴史などが体系的にまとめられたものはない。コタンについての著述で古いものでは高倉の「アイヌ部落の変遷」という論文があり、部落（コタン）を自然部落、強制部落、保護部落に分類して、主に和人との関わり合いの中での居住形態からコタンの分析をしている。しかし、そこにはコタンの権限に基づく支配領域やコタンそのものの形態の歴史的変化についてはほとんど触れられていない。一九七八年に発表された佐々木利和の「強制コタンの変遷と構造について」という論文でも基本的にこの高倉の分類とその視点に基づいて、アブタ・コタンの変遷を論じているだけである。

重層的に存在したコタン

高倉は、コタンについて「部落若しくは部落集団は共有の漁猟区を持っていて」と書いている(『アイヌ政策史』)。このコタンやコタンが集まった「部落集団」の支配領域、つまり「イオル」については、たとえば海保嶺夫の『日本北方史の論理』では次のように述べられている。

イオルというのは、特定の共同体が占有する空間で、そこでは当該共同体員のみが排外的に狩猟漁労を行う権利を持っている。これは川を中心に形成され、他のイオルの住民の侵入を許さず、犯す者には獲物や武器を没収し、髪の毛やひげを剃るなどの名誉刑に処し、捕虜として使役するなどの厳罰が課せられた。

イオルという支配領域に対する、そのコタンやコタンの集団の独占的・排他的権限がいかに強力であったかがわかる。

では、このようなイオルを支配するコタンは、どのような広がりを持った集団であったのだろうか。海保は同書の中で、コタンは、コタン近傍にある小流域の漁業権とその流路に自然的に付属している小空間での狩猟権（小イオル）を占有する小共同体である。すなわちコタン固有のイオルとは、そのコタンの共同体的土地利用の具体化に他ならない。このような小共同体の多数を統括する大将とは、その持分、在所のうちに必ず一本の川（二本となることはないようである）を水源から河口までにわたりかかえている点より、各コタン固有のイオルを流れる川での漁労権とその河川を中心にして自然地理的に規定される山野での狩猟権、すなわち、一本の川に結節されたイオルの首長、いわば、河川共同体の首長といいうるものである。大将の持分・在所というのは、河川共同体的土地所有そのもの（後略）

としている。わかりにくい文章であるが、コタンは集落の近傍の流域とその流域に流れ込む沢などの流路を含む地域で、漁業権や狩猟権を持っている集団のことをさし、小さな共同体ということである。またこのような小さなコタン（小共同体）がある一つの川（水源から河口まで）には、ほかにも同じようなコタンがあって、この一つの川に沿って、それら複数のコタンを統括する大将がおり、この大将はその一つの川の全体の漁業権・狩猟権というイオルをまとめていた首長（河川共同体の首長）であった、ということである。

そしてこのような河川共同体の大将の上に統率者としての「惣大将」が存在し、この惣大将はこのような河川共同体を束ねる「河川共同体連合の首長」と規定することができるとしている。

ここでいう「大将」や「惣大将」は、津軽藩や松前藩の文献に出てくる名称であり、ときには「惣《そう》乙名《おとな》」などとも呼ばれていたようである。要は、それぞれの集団の「長《おさ》」という意味である。

このようにコタンおよびその支配領域やこのコタンの集団を形作る関係を見ると、まず基礎単位としての数家族からなる「小コタン」が存在し、それらを一つの河川で束ねる「河川共同体」としての集団、河野のいう「部落集団」があり、さらにはそれら複数の河川共同体を束ねる「河川共同体連合」というものが成立していたことになる。海保は、この河川共同体連合の例としてハウカセという惣大将を挙げている。ハウカセは「石狩川という大河と石狩平野という大平原を単一のイオルとすることに成功した」としており、海保のいう「河川共同体連合」が、一つの広大なイオルを支配する主権団体であったということを示しているのである。

つまり、コタンというのは、単なる小さな集団だけを意味するのではなく、それらを束ねる大きな共同体のことでもあるのである。さらにはコタンを束ねる大きな共同体をさらに連合させた集団もコタンということになるのである。コタンが主権を有する集団と定義すれば、そのような大きな共同体連合が、他の共同体連合とは異なる独自の自律した自己決定権を有し、独自の支配領域を持っていればコタンとすることに何の問題もない。実際に、海保はハウカセに指揮される「石狩アイヌ」という集団が石狩川と石狩平野に独自の漁業権・狩猟権を持っていたコタンであったとしているのである。

このようにコタンという集団が重層的に存在していた事実については、榎森も次のように述べている。

（当時のアイヌ社会は）日本社会ないしは松前藩との交易を媒介にして、河川流域に形成された集落の長（共同体首長）の政治的・経済的地位が向上し、地域によっては、他の集落をもその支配下に組み込んだ大首長が成長し、こうした性格の長を大首長と呼ぶとすれば、大首長―首長―共同体成員といった支配・被支配関係が形成され、また、こうした河川共同体を中心にした諸集団を包括する形で、緩やかながらも、より広い範囲の地域的まとまりが形成されるに至っていたものと考えられる。

（『アイヌ民族の歴史』）

つまり、榎森も海保と同じように、コタンという主権を持った集団が重層的に存在していたことを認めているのである。

以上のようにコタンという概念を用いる際には、コタンの支配領域ごとに主権を有した集団としてコタンを捉えていけば、数家族単位で成立するコタン（海保のいう「小コタン」）だけがコタンではなく、一つの河川流域に広がる中規模のコタン（海保のいう「河川共同体」）、さらには複数の河川共同体を束ねた大規模なコタン（海保のいう「河川共同体連合」）も存在していた、と見ることができるのである。

「シャクシャインの蜂起」——一六六九年前後の大規模なコタン

これらの「河川共同体連合」という大集団が一六六九年前後（シャクシャインの蜂起のころ）にどのように存在し、それぞれがどのような支配領域を有していたのかを海保の研究成果をもとに見ていきたい。海保によれば、このような「河川共同体連合」は次の大きな五つの集団であったとされている。

石狩アイヌ

石狩アイヌの支配領域は、小樽内《おたるない》、発寒《はっさむ》、石狩河口、石狩本流域、砂川・滝川付近、雨竜《うりゅう》、増毛《ましけ》などからなっている。この範囲は、石狩川の中下流全域を含み、石狩平野、さらに増毛までの日本海にいたる広大な範囲が支配領域であったようである。なお、可能性としては、石狩アイヌは石狩川を遡って上川盆地に及んでいたのではないか、とも推測されている。現在の札幌市内はこの石狩アイヌの支配領域内に含まれることになる。海保はハウカセという惣大将が石狩川と石狩平野を単一のイオルとした、と表現している。

このような石狩アイヌは、シャクシャインの蜂起の際に、「武装中立を堅持し、交易関係の断絶をもってする松前藩の脅迫にもなかなか屈服しなかった」(『日本北方史の論理』)という松前藩に匹敵するほどの勢力であった。それは松前藩と対決できるほどの自己決定権を有していたと見ることができるのである。

サクシコトニコタンのアイヌ遺骨

二〇一六年(平成二八年)に札幌市内から盗掘されたアイヌ遺骨がドイツで発見され、その遺骨が日本に返還された。北海道大学の小田博志(人類学)の調査によると、この遺骨は現在の北海道大学内の土地にあったサクシコトニコタンから盗掘されたものであった。日本政府はこのサクシコトニコタンは現在存在していないため、誰に遺骨を返還するかが決まるまで、「研究のため」に集められたアイヌ遺骨を納めている納骨室に仮安置すると発表し、実際に仮安置した。この遺骨はこのままでは白老に建設される象徴空間の中の慰霊施設に収容されることになる。

しかし、サクシコトニコタンという「小コタン」の場所が現在の北大構内であることや構成員の子孫が現在不明だから、という理由だけで、遺骨の返還先であるコタンの存在を否定するならばそれは間違っている。そして、仮にサクシコトニコタンという「小コタン」が「消滅」していても、石狩アイヌという「大きなコタン」が遺骨の返還を受ける主体となりうる。国が主導してドイツから遺骨の返還を受け、当面は北大に仮安置するという方法は、遺骨の立場からすれば国外に彷徨《さまよ》うか、国内に彷徨うかの違いだけで、仮であっても「安らかに安置」されたことにはならないのである。ドイツと日本国のやり方は極めて疑問が残る方法なのである。

シュムクル（サルンクル）

シュムクルは、シャクシャインの蜂起の際、シャクシャイン側と敵対する勢力として位置づけられ、その長はオニビシであった。シャクシャインの蜂起とはシャクシャインが率いるメナシクル集団とオニビシが率いるシュムクル集団との漁猟場・漁猟圏（イオル）を巡っての争いから始まるが、最終的にはアイヌ集団対松前藩という構図になっていったといわれている。

シュムクルは「承応三（一六五四）年以来松前藩と強く結び、それ故に交易問題でアイヌ社会と松前藩との対立がしだいに尖鋭化する寛文年間、アイヌ諸集団のなかで孤立感を深くし、メナシクルには主将を殺され松前藩からも見棄てられた集団であった」（『日本北方史の論理』）と言われるほど特異な存在であった。このシュムクルの支配領域は夕張以南の石狩低地帯から新冠《にいかっぷ》までの日高地方北部までの範囲と推測されている。平取、白老はこのシュムクルに属するということになる。鵡川《むかわ》や沙流川《さるがわ》の流域もこのシュムクルに属することになる。

メナシクル

シャクシャインの勢力範囲であったメナシクルの支配領域は、静内《しずない》、三石《みついし》、浦河《うらかわ》、様似《さまに》など日高地方南部から十勝川河口周辺、白糠《しらぬか》、さらに釧路に至る広大な範囲であったと推測されている。釧路の大将であったコタユルシカは、シャクシャインの妹婿で血縁関係でも濃い結びつきがあったとされる。一六六九年当時、最も戦闘的で反松前藩的集団がメナシクルであった。

ところで遺骨返還訴訟の和解によって、杵臼《きねうす》と浦幌《うらほろ》で遺骨の再埋葬をする際、クワという墓標を立てることになったが、かつての杵臼のクワと浦幌のクワがかなり似ていることがわかった。男は先が二股で女はT字型（十勝ではTの上の部分がなくなる場所もあったので、浦幌では最終的にはT字形はとらなかったが）なのである。少なくとも一般に言われている、男は「槍」のようなクワで、女は裁縫の針のように先が丸く穴が開いているクワというのは、実は平取などシュムクル（サルンクル）の人たちが立てるクワの形でしかないことがわかった。広範囲にわたるメナシクルコタンは、強い血縁関係と共に文化的にも共通性のある集団であったといえるだろう。

余市アイヌ

余市アイヌは、非常に興味深い集団である。支配領域は、余市から北の日本海沿岸——天塩《てしお》、宗谷——に加えて利尻、さらに樺太までをも含んでいた。石狩アイヌの支配領域である石狩川河口周辺の海岸線（小樽から増毛あたりまで）を除く地域である。陸地の支配というよりも海路の支配といえるような支配領域なのである。樺太、蝦夷地、松前という大陸（中国）との交易の中継地域（日本海沿岸地帯）を支配領域としていた。余市の港を拠点に主に中国品の交易をしていたようである。交易に収益の糧を求めていたコタンの集団とすれば、独占的・排他的狩猟権・漁猟権によるイオルの範囲とは別の、異なる物差しが必要かもしれない。シャクシャインの蜂起の際は、石狩アイヌとは異なり、松前藩による「交易断絶をもって脅す」行為は、かなり深刻ではなかったかと海保は指摘している（『日本北方史の論理』）。また、この集団を率いていた惣大将が「八郎右衛門」という和人名のアイヌであったことも興味深い。

内浦アイヌ

内浦アイヌの「惣乙名」（大将）はアイコウイン（アイツライ）というアイヌであったそうである。シャクシャインの蜂起の際には、松前藩に味方をするふりをして内浦一帯のアイヌを集め、実際にはシャクシャインと共同で松前藩を後方から挟み撃ちにしようとした。

支配領域は、渡島半島の東側から噴火湾のあたりまでのようである。噴火湾の豊かな漁場を押さえていた集団のように見受けられる。

旭川その他の地域の集団

旭川のアイヌはどうか。河野や海保によると旭川の集団はペニウンクルと称して、風俗習慣などはシュムクルに似ているのでシュムクルの一分派ではないかとも、石狩アイヌの支配領域が上川盆地に及んだ時期もあったのではないかとも考えられているが、詳しい研究はされていないようである。

榎森は、これらの研究のほかに、文政七年の上原熊次郎の文書を参考にしながら、チュプカウンクル（択捉島以東）、シメナシウンクル（十勝の広尾以東の道東地域）、メナシウンクル（日高の静内以南、幌泉に至る地域）、シュムンクル（日高の新冠から白老に至る地域）、ウショロンクル（幌別から有珠に至る地域）、ウシケシウンクル（噴火湾沿岸部の長万部から森に至る地域）、ホレバシウンクル（噴火湾沿岸部の森以南の鹿部から亀田半島の戸井に至る地域）の七集団がいたとしている。また、「近世前期には石狩川流域、日高北部から石狩低地帯に至る地域、日高南部から道東に至る地域、および渡島半島の噴火湾沿岸地帯に各々大きなまとまりをもった集団が形成されていることは確か」としている（『アイヌ民族の歴史』）。

以上のように、現在、一六六九年前後の蝦夷地におけるアイヌ集団の勢力範囲は、ある程度は明らかになっていると言ってよいだろう。しかしこれ以外の、たとえばオホーツク沿岸のアイヌ集団がどのようなものであったかなどは詳らかではない。またこの大集団（河川共同体連合）の意思決定手続きや内部の統制がどのようなものであったのか、これらに含まれる中規模の河川共同体との関係や、さらには「小コタン」との関係など、まだまだ解明しなければならない点は多いと思われる。

ただ、これらの研究や分析を通じて明らかなことは、コタンという主権を有する集団が、数家族単位の集団から、この集団が河川ごとの中規模の共同体組織を形成し、それらがさらに大規模の連合体組織を形作っていたと見ることは十分に可能と思われることである。そうすると、これらの小さい基礎単位としてのコタン、中規模のコタン、大規模のコタンという言い方も間違いではなく、それぞれがそれぞれの規模に応じた自己決定権を有している、と見ることも可能ではないかと思っている。たとえば、幕藩体制における藩と幕府、アメリカにおける州と合衆国、その他世界にある連邦国を想定すると、この小・中・大という各集団の関係も理解しやすいように思う。

コタンはいつ頃まであったのか

前述の五つの大きな集団としてのコタンは、シャクシャインの蜂起（一六六九年）のころの話であった。その後、このような大きなコタン（集団）は消滅したのだろうか？

海保は、自身の研究と河野の『墓標の形式より見たるアイヌの諸系統』とを比較して、昭和初期に行った河野の調査によるアイヌ集団の範囲と海保の研究による一六六九年前後のアイヌ集団のそれぞれの範囲がかなり類似していることを指摘している。河野の調査では墓標の形式からアイヌの「系統」を分析し、宗教的・精神的つながりから見たアイヌ集団の「系統」をまとめたものであるから、海保の漁猟権・狩猟権という権限を伴うイオルの支配という政治的・経済的つながりから見たアイヌ集団としての「系統」の分析とは全く異なった視点からの分析である。しかしその結果が非常に類似しているというのである。

もちろん、集団としての「系統」の名称は、河野と海保とでは違う名称を使用している。しかし、海保は「地理的まとまり方として、ほとんどストレートに一致していることが明らか」としている。そして、「細かい点では地理的に若干の出入りはあっても、ほぼ三〇〇年という時間差をこえた、両者の奇妙なまでの一致にむしろ驚くのである」としているのである。

私からすると、江戸時代の幕藩体制下で成立したアイヌ社会の主権を有する集団のまとまりが、明治政府の侵略を受けながら、またその後の同化政策にも耐えながら、昭和初期まで存続していた事実は、コタンという集団が「そう簡単には和人によって滅ぼされないぞ」という静かな、しかし強い抵抗の意思を持っていたのではないかと思うのである。しかも昭和初期から現代までコタンに関する調査は行われていない。文化的・血縁的つながりや各集団の統合性などは全く調査されていないのである。したがって、これら五つの集団が、それなりに生き残っていることも否定することはできないのである。

そう考えると、日本政府が言うような「今の日本にはコタンやこれに代わる受け皿となる集団がない」などと簡単には言えないことがわかる。逆に言うと、現在においてもこれらのコタンは存続していると推測することは十分可能なのである。たしかに明治以降、法によって奪われた支配領域や裁判権などのコタンの権限を行使することはできなかっただろうが、これらの法が奪えなかった血縁的つながり、文化的統合性を持つ集団が依然として存続している可能性があることも否定できないのである。

だから現代においてこれらの調査・研究をしないうちは、「コタンやその受け皿団体はない」と断定することは大きな間違いなのである。

「河川共同体連合」のイオル争い後

シャクシャインの蜂起の具体的な内容についてはここでこれ以上は触れないが、この蜂起によってコタンの主権を考えるうえで見逃すことのできない大きな変化が起きたことは指摘しておきたい。コタンにおける自己決定権がシャクシャインの蜂起後の松前藩との関係で変化した点である。

それは、シャクシャインの蜂起という大規模なコタン同士の争いが松前藩によるコタンの主権への介入をもたらしたことである。

一六六九年のシャクシャインの蜂起の発端は、もともとは「河川共同体連合」の一つであったシャクシャイン率いるメナシクルともう一つの「河川共同体連合」であったオニビシ率いるシュムクルとの間の、シベチャリ川（静内川）周辺の漁業権と狩猟権を巡る争いであったといわれている。そしていったんは松前藩の調停もあってシャクシャインとオニビシは一六五五年に停戦・和解した。しかし、その後もいざこざは継続し、一六六七年、メナシクルのアイヌがシュムクルのオニビシの配下を殺害したため、再燃した。背景としてはオニビシ側が松前藩「御ヒイキ」のアイヌであったことに対し、シャクシャイン側は松前藩とは「親密な関係ではなかった」ことがあったようである。一六六八年、シュムクルは松前藩に武器の援助を要請したが松前藩はこれを拒否した。そして再度武器援助の要請に松前に向かったオニビシの姉婿のウタフが帰り道に疱瘡《ほうそう》で死亡した。これが松前藩による毒殺と伝わって、松前藩対河川共同体連合との闘いに発展していったとされている。

私がここで指摘したいのは、漁業権や狩猟権を巡る争いは、コタン間の戦争という主権をかけた争いであったという事実である。すでに述べたように、もともと松前藩はアイヌとの「離隔制」をとり、「蝦夷のことは蝦夷任せ」として「アイヌは自治のままに放任され、彼らの風俗、習慣に対しては何ら松前氏の干渉を受けることなしに生活していた」（高倉）のである。そのためコタン間の主権をかけた争いにも松前藩は「放置」する立場をとっていた。高倉はそのことを次のように記述している。

蝦夷地に居住する大部分の蝦夷は化外の民を以て之を遇し、何らの制限を設くることなく、蝦夷は固有の風習を守り、固有の言語を使用し、自己の社会を形作り、自ら選んだ酋長を戴き、自治を行ひ、松前氏とは全く独立した生活を続けていた。松前藩も蝦夷地には一人の藩兵も駐屯せしめることなく、知行主並びに其代人は自己の知行地に交易に行くが、停るのは交易期のみで、それが済むと悉く帰国し、何らの政治的関係を持たなかった。寛文九年の蝦夷乱(シャクシャインの蜂起のこと)に於て、石狩の大酋長ハウカセが松前の使者に向って、「松前殿は松前殿、某は石狩之大将に候へば、松前殿に構え申すべく様も之なく候。又は松前殿も此方へ構え申す儀も成りまじく候」と豪語したのは、よくその間の消息を語っているものである。したがって是らの大酋長間に起こったことに対しても、松前藩はその都度ただ藩吏を派遣して和解せしむるに止まっていた。

(『アイヌ政策史』)

しかし、シャクシャインの蜂起以降、この関係に変化が生じた。まず前段として、一六五五年に松前藩が調停に乗り出した。これは、基本的にはアイヌの慣習によって紛争を解決させるために仲裁したにすぎないが、仲介・調停役となった事実は大きい。ただし松前藩は「その勢力を恃んで自己の方針を貫徹せしめるようなことはしなかった」(海保)とのことである。メナシクル側がオニビシ側の人間を殺害しても、調停・和解をするだけであった。

しかし、一六六九年以降は、「河川共同体連合」間の紛争についてコタン間のチャランケという解決法を禁止し、松前藩に訴願をし、松前藩が調停役として登場するようになる。ただ、調停の際に適用する法は和人の法ではなくアイヌの慣習法であった。あくまで松前藩はアイヌの慣習法を公正に適用する立場でしかなかった。

ただ、調停役としてではあっても、松前藩の政治的支配は強まったと考えるべきだろう。榎森はその点について、

> こうして松前藩は、シャクシャインの戦い鎮圧後、アイヌ民族に対する政治的支配を一段と強めていったが、ここで留意しておきたいことは、松前藩のアイヌ民族に対する支配のあり方は、（中略）共同体首長との政治的・被支配関係の強化を梃子として、共同体そのものに対する支配関係を強化してはいったものの、個々の共同体成員に対する個別直接的な人身支配は行わなかったということである。
>
> （『アイヌ民族の歴史』）

と述べている。

つまり、松前藩の調停によってその政治的支配は強まり、大きなコタンである河川共同体連合の対外的主権への制約は大きくなったものの、依然として対内的主権への影響はなかった、と言えるのである（ただし、このような大きな河川共同体連合内部における体制についてはまだほとんど研究がなされていないことが残念である）。

このような経緯を経て、その後の漁業権をめぐるアイヌ間の争いにも松前藩は調停役としての大きな力を持ち、たとえば「イサリ・ムイサリ」訴願事件などの大きな争いが松前藩（幕府直轄時代は幕府）

によって解決されていった。

現在におけるコタン

本題に戻る。現在においてコタンという集団の存在を認めることができるのか。別の言い方をすれば、どのような範囲でアイヌコタンを現在において復活・再生することができるのか。現在においてコタンが全く存在しないとなれば、コタンの復活・再生は難しいだろう。それはかつてのコタンとは全くつながりのない、新たな団体を創り出すことになるからである。しかし現在において、かつてのコタンの何らかの「名残」が存在するとすれば、それを根拠にコタンの復活・再生は可能であるし、復活・再生したコタンの正当性を主張できる。そのため、現在においてコタンが存在するのか、という問いは、コタンの復活・再生を考える重要な問題なのである。

かつてのコタンそのものではない

この問いに関して、たとえば一六六九年代のような小・中・大規模なコタンが存在するかとか、江戸末期のようなコタンは存在するのか、という問題の立て方は意味がない。現在、そのようなコタンがかつてのように主権を有し先住権を行使する集団として存続すること自体が、憲法や法律で禁止されているからである。たとえば、イオルと称されるコタンの漁業権や狩猟権の排他的・独占的な土地の占有は、民法によって違法とされている。アイヌは、明治以降の同化政策によって、河川法・狩猟法・民法などの和人の法律にしたがうことが義務付けられているのである。

また、主権の一つの行使である裁判権も憲法によって禁止されている。裁判権、つまり司法権は裁判所のみの権限であり、コタンの裁判は「私的裁判」つまり「リンチ」扱いされてしまっている。したがって、かつてのコタンの権限やイオルという支配領域は、このような現行の和人側の法制度によって、認められていない、あるいは禁止されている事項が多いのであるから、江戸時代と全く同様の権限を有する集団が存在しているわけではない。

しかしその反面では、このようなコタンの権限やイオルという支配領域が否定されているのは、これまで述べてきたように日本国の侵略の結果なのであるから、各コタンがこのような権限を有していないからといってコタンの存在を否定することはできない。国が自らアイヌの集団に対して、その権限を認めず、権限の行使を禁止するという不正義をしておきながら「そのような権限を有する集団は存在しない」といって「先住民族性を否定」することの大きな矛盾がここにはある。もし、日本政府の考えやそれに同調する学者が、このような意味で「コタンは存在しない」というのであれば、それは明治政府の侵略行為と同化政策そのものを是認し、現在においても同化政策を強行しようという考えに他ならないのである。

かつてと全く同じコタンは存在しないとしても、コタンの名残がある集団の存在を探すことは可能である。それは憲法や法令で禁止されていない範囲で脈々と受け継がれている、かつてのコタンの文化的同一性や、現代に連なる血縁的関係、さらには政治的統合性を有する集団のことである。昭和における河野の分析と海保の一六〇〇年代の分析から、約三〇〇年間にわたる集団の同一性が認められたことから、その後、この集団の同一性はよほどのことがない限り継続していると考えるのが自然である。ただ、この点に関する研究がほとんどないことはすでに述べた。しかし、研究がないことと同一性を有する集団が存在しないこととは全く別の問題である。

コタンかどうかを決めるのはアイヌ

さらに重要なことは、「これがコタンだ」と決められるのは、アイヌ自身だということである。コタンは主権を有する集団である。そしてこの主権は対内的主権とされ、内部の意思決定権が自主的・自律的であることが求められる（自己決定権）。そのコタンの構成員をどのような資格の者とするか（member ship）とか、自分たちのコタンの範囲をどこまでとするか、などはまさにこの自己決定権の問題となるのである。逆に言うと、和人側がコタンの構成員やコタンの範囲、「そもそもコタンが存在するのかしないのか」などを決めることはコタンの対内的主権を侵害することになるのである。

このアイヌ集団の自己決定権を重視すれば、「コタンの名残」を判断することも、アイヌ自身が決定すべき事柄だということになるのである。このような「コタンの名残」を認め、その集団をもってコタンを復活・再生できるのはアイヌ自身なのであるから、アイヌだけが決定できるのである。そこに和人が口をさしはさむ余地はない。

国連先住民族の権利宣言三条の自己決定権、四条の自治の権利などは、自らが、同一性ある集団と決定できる権利を含むものである。もしこれを否定し、「もはやかつてのコタンのような集団がない」として、主権を有する集団の存在そのものを否定するとすれば、それは国連先住民族の権利宣言を否定するものであって、日本国の侵略行為および同化政策の継続でしかないのである。

この点では、アイヌ遺骨の返還を巡って、日本政府（アイヌ政策推進会議アイヌ政策推進作業部会）の考えはまさに現代における侵略行為であり、依然として続く同化政策そのものであることがわかる。日本政府は、遺骨問題について、二〇一八年一二月、新たに「大学の保管するアイヌ遺骨等の出土地域への返還手続に関するガイドライン」を発表した。このガイドラインでは、第一に基本としては従来どおりアイヌの風習とは異なる祭祀承継者に返還する、第二に地域に返還するとした場合に、その「地域という集団」の当事者適格（尊厳ある慰霊ができるかどうか）について国が中立的な第三者委員会の意見を聞いたうえで決定する（ガイドライン五ページ）、とするのである。

第一の点についてはすでに述べている。第二の点では、そもそもアイヌ遺骨を受け入れるアイヌ側の集団について、どういう集団がよいのかを検討すると述べている。しかし、アイヌ遺骨を受け入れる地域集団の範囲や構成員などはアイヌ自身が決定することであり、それはその集団の自己決定権に含まれるものである。万一、他のアイヌ集団から遺骨返還を受けた集団に対し、遺骨の引き渡しが求められたと仮定しても、それはアイヌ集団間で解決するべき事柄で、事前に和人側が受け皿となる集団を審査し決定することなどできない。杵臼で遺骨返還を勝ち取った〈コタンの会〉が旧静内町から北大が持ち去った一九〇あまりの遺骨返還訴訟では、政府と同様に「白老へ集約すべき」と主張する〈新ひだかアイヌ協会〉が訴訟に参加してきたため、膠着状態になった。しかし、〈新ひだかアイヌ協会〉は、自らへの返還を求めない団体であるから、まずは〈コタンの会〉へ返還すべきなのである。〈新ひだかアイヌ協会〉の訴訟参加は国の政策にしたがっているだけである。

日本政府のこのような遺骨返還についての考え方は、アイヌ集団の自己決定権を否定する、つまりは主権を有する集団の存在自体を積極的に否定するものといわざるを得ないのである。しかも本書のはじめに書いたように日本政府の政策に〈北海道アイヌ協会〉が深く関わっている点がより問題を複雑化しているのである。

コタンを判断する基準

以上のように現在におけるコタンの存在を考えるとき、そこでは次の二つの基準を満たさなければならないことになる。

まずここでいうコタンは、かつて数家族からなっていたような「小コタン」だけではなく、一つの河川流域全体に広がる「河川共同体」としての「中規模コタン」や石狩アイヌ・メナシクル・シュムクルなどというような「河川共同体連合」ともいえる「大規模コタン」の範囲でも考えることができるということである。それは、少なくともそのような集団が過去において存在していたから、現在においてもその枠組みで考えるのが合理的だと思えるからである。また、そうしたコタンのあり方は少なくとも三〇〇年にわたって続いてきており、一つの「文化的な共通性」と「血縁関係」を持っていたので、現在においてもコタンとしての統一性・正当性を有する範囲と思われるからである。

もう一つのコタンの基準は、自らを〝「同一性ある集団」と考えるアイヌ集団である〟と言えるということである。この「同一性ある集団」が何か、どのような場合かということは、そのアイヌ集団が自主的・自律的に決定できなければならない。そのため、ここでは単に「自らを『同一性ある集団』と考えるアイヌ集団である」ことだけで足りるのである。

杵臼コタン

もう少し具体的に考えてみよう。アイヌ遺骨返還の際に、杵臼《きねうす》出身のアイヌの複数人が、かつて杵臼コタンが有していた遺骨の管理権を基に遺骨の返還を求めたが、これは第一に杵臼という地理的範囲において、かつてと同様に共通の先祖の遺骨を祀るという文化的同一性を有する者たちが存在していたこと、第二に自らの意思としてかつてのコタンの権限を主張する集団を形成したことによる。第二の点は、コタンの先祖の有していたのと同一の権限を自らコタンの子孫として一緒に主張するという集団の同一性を示している。この遺骨返還の動きは杵臼コタンという小コタンの復活・再生に向けての第一歩といえる。

同じく、遺骨返還訴訟における浦幌アイヌ協会も中規模のアイヌコタンと考えることができる。浦幌アイヌ協会は、十勝川下流域の愛牛《あいうし》、浦幌太《うらほろぶと》（浦幌川流域）、静内太《しずないぶと》（静内川流域）、十勝太《とかちぶと》などのかつての小コタンがまとまって構成されている集団で、かつてのこれらコタンの有する遺骨管理権を一つの団体として主張している集団なのであるから、第一および第二の点からアイヌコタンと考えることができるのである。

浦幌アイヌ

浦幌アイヌ協会についてもう少し触れる。浦幌という場所は、十勝川河口に位置する。河口部は大きなデルタ地帯を形成し、十勝川は二つの流れに分かれていた。このデルタ地帯の左岸側が浦幌で右岸側が大津《おおつ》から池田《いけだ》に通ずる平野部となる。左岸部と右岸部の丘陵地域には擦文《さつもん》時代のアイヌの砦とされるチャシが数多く存在しており、左岸部と右岸部はかつて別々のコタンとしてデルタ地帯の狩猟権や漁猟権を巡って戦争を繰り返していたのではないかと想像したくなる。その後、人々は十勝川沿いに集落を移していったようである。

さて、この十勝川の川沿いに移ってきたアイヌの人たちは、いくつかの小コタンを形成し居住していた。十勝川河口部で二つに分かれる流れは、現代では大津に流れ込む十勝川本流と浦幌を通過する浦幌十勝川とに分かれているが、この浦幌十勝川沿いの上流部には愛牛というコタンがあった。遺骨返還訴訟で北大から浦幌アイヌ協会が返還を受けた遺骨は、この愛牛から発掘された遺骨と副葬品であった。また、浦幌十勝川河口部には十勝太というコタンがあった。そしてこの二つのコタンの間にいくつかのコタンが、一〜二キロメートルおきに存在していた（松浦武四郎『東西蝦夷山川地理取調日誌戊午《つちのえうま》第五一巻七月』および『竹四郎廻浦日記安政三年九月二二日』）。

現在では、大規模な河川改修などでこれらのコタンの場所はなくなったが、アイヌの人たちは浦幌町内に住んで生活をしている。また、十勝川左岸側の河口部から海岸線が伸びているが、昔から道が通じていたようである。この道沿いにもアイヌコタンがあり、大きなコタンは厚内《あつない》にあった。浦幌アイヌ協会は、これらの浦幌十勝川沿いの小コタンの子孫と海岸線に沿った小コタンの子孫によって構成されている。浦幌アイヌ協会は十勝川下流部の浦幌十勝川沿いおよび海岸線に沿った河川共同体の子孫によって作られた中規模のアイヌコタンという集団ということができる。

さらに言えば、日高地方の杵臼も十勝地方の浦幌もたとえばクワ（墓標）が類似しており、そのことから文化的な同一性があると考えれば、彼ら二つの集団が一緒になってメナシクルコタンの復活・再生へと進むことも可能となる。

同じように、札幌市内のサクシコトニコタンから盗掘されてドイツに渡り、それが日本に返還されて現在は北大の納骨堂に収骨されているアイヌ遺骨も、石狩アイヌコタンの範囲のアイヌたちが、その遺骨管理権を根拠に返還を要求する集団をアイヌコタンとして復活・再生させることもできるだろう。

このように、アイヌ自身によるコタンの復活・再生は、コタンの主権回復と先住権回復への基礎となるのである。

第六章 北海道旧土人保護法の廃止と日本国の向かう先

一、北海道旧土人保護法について

「北海道旧土人保護法」は一九九七年（平成九年）に廃止されたが、廃止とともにいわゆる「アイヌ文化振興法」が成立した。そして二〇一九年にはこの法律をさらに「発展」させて、アイヌ文化に突出したアイヌ新法（〈二〇一九年法〉）を制定するとしている。本章では、まずは北海道旧土人保護法に触れたうえで、はたして新法は北海道旧土人保護法と違いがあるのか、そもそも日本という国のアイヌ政策はどこに向かっているのか、について考えていくことにする。

北海道旧土人保護法以前

一八六九年（明治二年）、明治政府は、侵略した蝦夷地を「北海道」と改称し、北海道は「無主の地」としてアイヌから蝦夷地支配の一切の権限を奪った。アイヌは、土地や自然資源といった生産手段、サケ・シカといった食糧を失った。家の敷地すら「官有地第三種」（国の管理下）とされ、和人が流入してきてわずか数年後には、その日の食糧を得ることすら困難な暮らしになった。

明治政府は、一八七三年（明治六年）四月に「賑恤《しんじゅつ》」規則を制定した。「賑恤」の意味を漢和辞典で調べてみると「施し恵むこと」とある。この明治政府の定めた賑恤規則によって、独身で廃疾のため働くことができない者や七〇歳以上の者には終身にわたって、一年に玄米一石八斗が給与されることになった（この規則はアイヌに限定するものではない）。

「一石八斗」とは一八〇〇合のことで、一食一合を食べるとすれば一八〇〇食、一日二合を食べるとすれば九〇〇日分の食糧となる。しかし働くことのできない人はこの一石八斗の玄米で生活のすべてを賄わなければならない。家賃・被服費・医療費などの出費にこの玄米を充てることになる。生活としてはかなり厳しいものであったと思われる。しかもこれはあくまで規則通りに給与された場合のことであり、実際には規則通りに実施されていたかも疑問なのである。

また、独身ではなくても七〇歳以上一三歳以下で病気で窮迫している者は、男で一日米三合、女で米二合が、そのほか賑恤を受けている者が死亡した時には埋葬料として一円が給与されることにもなっていた。

こうした規則の内容を見ると、多くの人は、生活に困窮したアイヌの人たちがこの規則によって和人と同様に保護されるようになったと考えるだろう。しかし実際はそうでもなかった。

高倉新一郎の『アイヌ政策史』によれば、戸籍上は日本人とされ、「其行政上にも差別がなくなった」

（同書）アイヌは、もともとは「原則的な法律以外は全部アイヌの習慣法に一任され、内地人に関せざる限りは干渉することのなかった法律上の責任も、其の特別扱いを廃されて、内地人同様彼らの上に適用されるようになった」（同書）とされる。その結果、それまでアイヌに対する「撫育《ぶいく》」とされていた「出生死亡の手当」、「老病者の扶持・施療」などが順次廃止されていった。アイヌに対する「出生・死亡手当」は一八七〇年（明治三年）以降、額が減らされ、一八七八年（明治一一年）七月には廃止された。アイヌに対する養育料や老病者の扶持は七歳未満六五歳以上の者を対象としていたが、賑恤規則にともなって廃止され、老病者への施療は一八八一年（明治一四年）三月布達によって、アイヌであっても無資力で代価を支払えない者以外に対して廃止された（同書）。つまり、賑恤規則は、アイヌの人たちの救助のための規則ではなく、和人と同じになったのだから特別扱いをしない、という趣旨を鮮明に打ち出した規則であった。賑恤規則というその名前に反して、この規則は、アイヌからさまざまな権利を奪って和人と同じ扱いをするという同化政策の一環であった。

この賑恤規則は、さらに一八七六年（明治九年）八月三日達の賑恤規則により、

・独身にして疾病若しくは満七〇歳以上のもの
・独身若しくは家人扶養能力なきものにして病気営業し能はざるもの
・挙家満七〇歳以上のもの
・孤児
・流行病に罹り飢餓に迫るもの
・水火風震に罹り飢寒に迫るもの

・同小屋掛をなし若しくは耕作をなし得ざるもの

のほかは一切救済を受けることがなくなり、基本的にそれまで「土人」として「彼等が特別に受けて来た撫育は全く廃止せられる事となったのである」(同書)。

和人と同じ待遇となったアイヌが一層困窮したのは当然である。高倉は、このことをまとめて「北海道旧土人に対する特別な保護救済策は、開拓使以来の方針に基づいて全く廃止せられ、明治六年四月「規則」の発布に依り、アイヌの貧窮者は内地人同様同規則に基づいて保護されるに至ったが、其規則の内容は至て粗末なものであったのみか、内地人に対する救済すら行き届かざるに、アイヌに対する保護の行亘る筈なく、アイヌの困窮が普遍化」するようになったと記述している(同書)。和人と同等にという政策は、和人以上の悲惨な結果をもたらしたのであった。

北海道旧土人保護法の内容

一八九九年(明治三二年)、明治政府は北海道旧土人保護法を制定する。この法律は、アイヌは「日ニ月ニ其活路ヲ失ヒ、空シク凍死ヲ待ツノ外為ス所無キ観アリ」であるため、和人と同じ「我皇ノ赤子」として救済し、「窮乏ヲ恤ミ」「其生ヲ保」つことは国の義務であり、「一視同仁ノ叡智」に沿うものであるとした。特にアイヌの窮乏の原因を「優勝劣敗ノ理勢」として、日本政府の侵略に原因がある点については開き直っている。

法律の内容は、まず農業を希望するアイヌに対して一戸当たり最大一万五〇〇〇坪を下付(給与)し、農具・種子などを支給するというのが一つの柱であった。この下付された土地を一五年経ても開墾できなければその土地は没収されるが、下付された土地は三〇年間税金が免除される。また、相続以外での譲渡は禁止された。抵当権などの設定も禁止され、地役権は北海道庁長官の許可が必要であった。しかし実際に下付された土地は、崖地などの耕作不適地が給与地全体の一割近くを占めていたようである（榎森『アイヌ民族の歴史』）。そのほか、アイヌのための小学校の設立、医療扶助などが規定されていた。アイヌのための小学校は二一校が設立されたようであるが、和人の小学校とはカリキュラムが異なり男子は修身、女子は裁縫などに重点が置かれた。

北海道旧土人保護法が制定された真の理由

なぜ一八九九年（明治三二年）になって、このような法律が制定されたのだろうか。明治になって以降、生活の場や生産手段、自然資源を奪われたアイヌの人たちが困窮を極め、それまでに悲惨な状況におかれ続けていた。

一つ目の理由としては、アイヌへの同化政策が不十分ゆえに、より徹底的に同化政策を推進しようとした、ということが挙げられる。つまりアイヌを農業に従事させることによって和人化を進めたのである。和人は基本的に農業を主産業とし、当時の国民経済の基本は農業生産であった。和人と同じ農業に従事させることによって同化政策を推進する、ということを明治政府は徹底させようとしたのではないか。

二つ目の理由としては、国内外での政治的な緊張関係の高まりが挙げられる。当時の社会状況を見てみると、それまでの懸案であった諸外国との間の不平等条約が一八九九年に改正され、治外法権が撤廃されるとともに国内に外国人が自由に居住できるようになった。特に小樽・釧路・室蘭などが新開港地として指定され、多くの外国人が北海道に来ることが想定された。その一方で、一八九九年は足尾鉱毒事件などが表面化し、経済優先の政策への国民の反発が起こり始めた時期でもあった。

中国では、翌一九〇〇年（明治三三年）に義和団事件が発生し、孫文が日本に亡命し、列強や日本が北京に侵攻する。二〇世紀を迎えるに当たり、国の内外で政治的な緊張関係が高まりつつあったのが一八九九年という年であった。明治政府としては、第一に国内の治安の安定化、第二に不平等条約を撤廃した後の、対外的な「一流国」への仲間入りのために、北海道においてその侵略行為の野蛮性を覆い隠すべく北海道旧土人保護法を制定したのではないか、と私は考えている。この点では榎森も、「外国人から見た日本は未だ「非文明」の国との批判を受けることは明らかであった」ため「アイヌ民族を「保護」するための法的措置を講じることが緊急の課題となったもの」（『アイヌ民族の歴史』）と述べている。

この点をさらに高倉の記述から裏付けてみたい。高倉は明治二〇年代になってアイヌ問題が大きな社会的・政治的テーマとなった理由について、世界からアイヌの人々が注目されるようになったことを一つの理由として挙げている（『アイヌ政策史』）。ジョン・バチェラーやイザベラ・バードは言うに及ばず、数多くの研究者が北海道に来て、アイヌの生活実態を紹介しつつ、その保護を国際的に訴えていた（榎森は『アイヌ民族の歴史』で「バチェラーがアイヌ民族の惨状を日本国内だけでなくイギリスでも告発し続けている状況」と記述している）。このように欧米のキリスト教者によってアイヌ保護事業の必要性が国の内外で訴えられると、日本でも「有識者」の話題に上り、一八九二年（明治二五年）頃からは議会においても議論されるようになった（『アイヌ政策史』）。国際的に問題とされることへの対応が国内法の制定へ、という「外圧に弱い」日本がすでに出来上がっていたようである。

北海道旧土人保護法による皇民化教育

では、北海道旧土人保護法はどの程度アイヌの人たちの救済になったのだろうか。榎森によれば、この法律によって農業従事者が増加したものの、一九一六年（大正五年）の一人当たりの平均耕作面積は和人の半分以下、その生産額は四分の一以下にすぎず、土地取得後それを手放さざるを得なくなったアイヌは多く、中には自分の所有地を小作するケースさえあったという（『アイヌ民族の歴史』）。また、アイヌのための小学校は二一校が設立されたにとどまり、その多くは運営と教育が和人と同じ小学校に「委託」されていた。

ここで、この同化政策のもう一つの柱であったアイヌ子弟の教育政策について触れておこう。和人の子供と違ってアイヌの子弟に対する教育では修身・裁縫などが強化されている点に明治政府の明確な意図が読み取れる。

「旧土人教育規定」

アイヌの子供たちは、いわゆる「土人学校」に通うことになったが、「土人学校」は全道に二一校しか作られなかったので、多くのアイヌの子供は和人と同じ尋常小学校に通っていた。

一九〇一年（明治三四年）に「旧土人教育規程」が制定された。これはアイヌの子供は「他の児童と区別」して科目や授業数はこの規程によるとされている。教科は、修身・国語・算術・体操・裁縫（女子）、農業（男子）とされた。

また、同じ年に北海道庁訓令として「旧土人児童教育規程の施行につき注意すべき事項」が定められた。これによると、和人も通う尋常小学校でもアイヌの子供はできるだけアイヌだけの学級にするようにされ、教科も和人の学校での三年生程度を四年間で終了すればよく、「簡易ヲ旨」とすべしとされた。修身は特に重視され、清潔・秩序・廉恥・勤倹・忠君・愛国の教育を主とし、日常の作法に注意し善良なる習慣を養成することに努める、とされた。この道徳観は、和人の道徳観を基準にしたものにほかならず、まさに小学校から徹底した「忠君」「愛国」の皇民化教育がアイヌの子供たちに行われた。

結局、北海道旧土人保護法は同化政策の総仕上げ的な政策のための法であった。その中心が大日本帝国のための皇民化政策にあるとすれば、その後の歴史を見るとその政策は「成功」したといえるのかもしれない。しかし、当時国際的に求められていたアイヌの救済という点では全くそうではなかったといえるだろう。

二、北海道旧土人保護法とドーズ法の異同

ドーズ法と何が違うのか

北海道旧土人保護法は、第四章でも述べたとおり、アメリカで一八八七年に制定された「一般土地

分割法」(General Allotment Act 通称「ドーズ法」)をモデルにしたものだと言われることがある。たしかに「ドーズ法」の主な条文は北海道旧土人保護法に似ている。

ドーズ法と北海道旧土人保護法との類似点を挙げれば、まず一家の長および単身者などに土地を付与するといったことが挙げられよう。また課税がされないという点も共通している。ドーズ法では二五年間、北海道旧土人保護法では三〇年間は課税されないことになっていた。さらにドーズ法ではインディアンに分割された土地は連邦政府の信託下に置かれて、現実には自由に売却できなかった。北海道旧土人保護法でも相続以外での譲渡は禁じられ、抵当権の設定などもできなかった。しかしその反面で、ドーズ法は余った土地(余剰地)を白人に開放するという目的があったが、北海道旧土人保護法ではアイヌから奪った土地をまたアイヌに給与するというものであった。またアメリカでは土地を信託下に置いたため事実上売れなかったが、日本では売ってしまっても構わないというのが〝現実〟であった。榎森が指摘していた「給与地を自分で小作する」などという事態は、アメリカの信託下では考えられないことであった。

このように考えると、たしかに条文上は、北海道旧土人保護法はアメリカのドーズ法をモデルにしたと言えるだろう。しかし実際は「そのような体裁を整えただけ」であり、日本政府がドーズ法を参考にして本気でアイヌの人たちを窮乏から救おうとしていたとは思えない。あまりに内容が〝ザル法〟だからである。つまり法律として実効性がなくても構わないという姿勢が日本政府にはあった。

連邦議会、国会での議論

ドーズ法と北海道旧土人保護法の最も大きな違いは、ドーズ法がインディアンの有していたトライブのリザベーションの土地を分割していったのに対して、北海道旧土人保護法では侵略して得たアイヌコタンの土地を、政府からの恩恵として下付（給与）したという点である。そしてこの根本的な問題を、日米の議会、国会においてどの程度議論したのか、という点こそが北海道旧土人保護法を考えるうえで大切なのである。

なぜならアメリカでは、ドーズ法成立時にはトライブの有するリザベーションを分割することの是非が連邦議会で活発に議論され、ドーズ法の廃止のときも、このような制定時の議論を前提に、その成果の有無、引き起こされた事態を直視した結果、次の「インディアン再組織法」の制定へとつながっていったからである。

ところが日本では、北海道旧土人保護法の制定時はもちろん、その廃止時においてすら、北海道の土地はアイヌの土地であったという議論が全くなく、北海道旧土人保護法の差別性だけが強調され、この法律の功罪がきちんと議論されることなく、「次は文化だ」とばかりに、アイヌの権利に全く触れられない「アイヌ文化振興法」にとって代わられた。こうした国会のあり方はアメリカ連邦議会とは対照的であった。

北海道旧土人保護法を廃止する際、国会で議論されなくてはならなかったことは、北海道旧土人保護法が「下付」にすぎなかったこと、もともとは多くのアイヌコタンが集団として支配していた土地を明治政府がアイヌコタンの同意なく国有地化したこと、明治以前のアイヌコタンには独占的・排他的漁猟権があったことなどであったはずである。しかし、国会での議論は「北海道旧土人保護法は差別法であった」→「ゆえに廃止」→「これからは国によって奪われたアイヌの文化の振興だ」という単純なものでしかなかった。この流れは国の方針とまったく同じであり、国が主導した法改正であった。

結局、北海道旧土人保護法は……

以上のように北海道旧土人保護法を見ていくと、アイヌ問題を考えるうえでこの法律の分析はあまり意味を持たないことが理解していただけるのではないかと思う。第一にアイヌの窮乏を救済する役には立っていなかったこと、第二に給与地で農業に従事させるという政策も失敗していること、第三に「土人学校」もたった二一校しかなく、その教育内容も皇民化政策が中心であったことなどがその理由である。重要なのは、明治以前のアイヌコタンの権限が明治政府によって奪われた結果についてであろう。北海道旧土人保護法はそのことを直視するのではなく、逆にそれらのことを糊塗するだけのあまり意味のない法律であった、と私は捉えている。

三、文化振興法とは何であったのか

北海道旧土人保護法は、以上述べたように「体裁」だけの法律であった。多くのアイヌの人たちは、このような「旧土人」という表記をしている法律は差別法だからすぐにでも廃止すべきだ、と主張した。そしてこの法律の廃止と同時に新しく生まれたのが、「アイヌ文化の振興並びにアイヌの伝統等に関する知識の普及および啓発に関する法律」(平成九年五月十四日法律第五十二号)で、いわゆる「アイヌ文化振興法」と言われる法律である。ではこのアイヌ文化振興法はどのような法律なのかその内容をまずは見てみよう。

アイヌ文化振興の意味するもの

そもそも北海道旧土人保護法には「窮乏するアイヌを救済する」という目的があった。つまり同化政策という意図は別にしてアイヌに向けた法律ではあった。

では、アイヌ文化振興法はどうか。アイヌ文化振興法一条（目的）では、

　この法律は、アイヌの人々の誇りの源泉であるアイヌの伝統およびアイヌ文化（以下「アイヌの伝統等」という。）が置かれている状況にかんがみ、アイヌ文化の振興並びにアイヌの伝統等に関する国民に対する知識の普及および啓発（以下「アイヌ文化の振興等」という。）を図るための施策を推進することにより、アイヌの人々の民族としての誇りが尊重される社会の実現を図り、あわせて我が国の多様な文化の発展に寄与することを目的とする。

と書かれている。ここには、どのような施策を推進するのかについて二つのことが書かれていることがわかる。一つは「アイヌ文化の振興」であり、もう一つは「アイヌの伝統等に関する国民に対する知識の普及および啓発」である。この二つの施策は「並びに」と並列され、かつこの二つを合わせて「アイヌ文化の振興等」とまとめられている。したがって、「アイヌ文化の振興等」といった場合は、アイ

ヌに向けたアイヌ文化の振興とともに国民に向けられた知識の普及・啓発も入ることになる。この二つの施策を推進することによって、「アイヌの人々の民族としての誇りが尊重される社会の実現を図り、あわせて我が国の多様な文化の発展に寄与すること」がこの法律の目的なのだとしている。

実際、この法律に基づく文化活動の支援によって、多くのアイヌの人たちがアイヌ語を学んだり、刺繍や踊りなどを学んでいる。問題は、もう一つの和人への知識の普及・啓発を行うという施策としてどのようなことが行われているのか、という点だろう。このアイヌ文化振興法の基本的姿勢は、国のアイヌ政策推進会議でも維持され、内閣官房アイヌ総合政策室に設置されている「民族共生の象徴となる空間」作業部会の報告書では象徴空間というテーマパークの必要性について次のように述べている。

・未だなお、アイヌの歴史、文化等について国民各層の幅広く十分な理解が得られていない。
・アイヌとしてのアイデンティティを持つ先住民族が国内に存在し、今日においても文化を復興させる意思を持ち続けていることの意義や価値が十分認識されていない。
・アイヌ文化の伝承者等が少なくなるとともに、アイヌ語、伝統工芸その他の存立の危機にある分野が存在する 等の基本的な課題に直面している。

そこで、「アイヌの歴史、文化等に関する国民各層の正しく幅広い理解の促進を図るとともに、将来へ向けてアイヌ文化の継承をより確実なものとし、新たなアイヌ文化の創造及び発展に繋げていくための中心的な拠点が必要」である、とされている（傍点引用者）。ここでは「アイヌの歴史や文化に対する国民各層の正しい幅広い理解の促進」が第一に掲げられ、第二として「アイヌ文化の継承を確実にする」として広く和人に見てもらうテーマパークとしての象徴空間の建設が根拠づけられている。

アイヌ文化振興法の問題点

このようなアイヌ文化振興法や象徴空間の建設についてはさまざまな見解があるが、私は次のようなことを指摘しておきたい。

まず、多くの和人がアイヌの伝統や文化を正しく理解することは非常に重要であること。和人の多くは、実際にアイヌの人たちのことをほとんど知らないからである。

次に、アイヌの人たちに保障すべきことはアイヌ文化の伝承や発展を保障することだけなのか、ということ。本書では、アイヌの人たちの意思に反して、彼らの文化を生み、育んできた土地や自然資源が、またアイヌコタンのさまざまな権限が明治政府によって奪われてきたことを指摘した。そして今重要なのはこれらの土地や自然資源や権限の主体としてのアイヌコタンの復活・再生であることを訴えた。

しかし、アイヌ文化振興法や象徴空間の建設計画では、この土地や自然資源の回復や権限あるアイヌコタンの復活・再生には全く触れられていない。国の見解ではアイヌコタンという集団はもうなくなってしまったということになっているから、〝アイヌ文化の振興〟といっても表面的な「文化活動」への支援のようにしか見えないのである。そのためアイヌ文化振興法による支援も象徴空間の建設もアイヌの人たちにとっては単なる「カルチャー教室」になってしまう危険性がある。

さらに、国民（和人）の「アイヌの歴史や文化に対する国民各層の正しい幅広い理解の促進」を図ろうとすると、和人に刺繍を見てもらう、踊りを見てもらう、ということになり、「観光事業」に偏る恐れがあるのである。

アイヌ文化振興法は改正され、二〇一九年に新法が成立する。ただ、この改正が国連先住民族の権利宣言の国内法化として議論されるのであれば問題はないが、単にアイヌ文化振興法をさらに「推進」する方向での改正の場合には、それこそ土地や自然資源に根差した「生きたアイヌ文化」の息の根を止めることになりかねないだろう。

「生きたアイヌ文化」とは、地域ごとに存在する集団がその土地や自然資源を利用しながら生活する過程で生み出してきたものだ。そのような集団の文化を引き継ぎ発展させていくためには各地のアイヌコタンを復活・再生させていかなければならない。

私は本書でまとめている課題こそが、アイヌの文化の発展に必要なことであり、そのためにもアイヌの集団が持っている権限を復活・再生することが新しいアイヌ新法に求められていると考えている。

四、日本という国の向かう先

本書ではこれまでアイヌコタンという集団の権限について、その歴史を遡り、国連先住民族の権利宣言や〈アメリカインディアン法〉と比較しながら検討してきた。そして、そのアイヌの集団の権限が明治政府によっていかに奪われたかについて、また、この集団の権限を復活・再生させることが現代における日本国の負の遺産の清算として必要であることについて述べてきた。

しかしながら、現在の日本国の方針・政策は、アイヌコタンという集団の存在を否定し、したがってアイヌの集団の権限を認めないものである。では日本という国は、いったいアイヌに対して今後どういう政策で臨もうとしているのか。そのことを最後に検討したい。

生きた文化とは何か

政府は〈二〇一九年法〉の法案を二月に閣議決定した。この法案はアイヌ文化振興法を引き継いだものだが、さらにアイヌ文化振興について〝基本計画〟を立てた地方自治体に対し、国が交付金を支出することができるとされている。

〈二〇一九年法〉の新法案でも、日本政府は今後のアイヌ政策として、アイヌの伝統文化についての国民の知識普及・啓発を行うとともに、アイヌ文化の継承をより確実なものにする、という対和人・対アイヌの二つの側面を持った政策をとることが堅持されている。そこで考えなければならない点は、この政府のいう「アイヌ文化」の内容なのである。次に「生きたアイヌ文化」とは何か、について考えてみたい。

そもそも「生きた文化」とは何か？　私は文化を担う人たちの生活の中に未だ溶け込んでいる文化のことだと考えている。

身近な例では、村祭りを挙げることができる。村祭りは農業（漁業も）を中心とする集落の中で、五穀豊穣を祈り、収穫後の豊作に感謝する行事が集落ごとに定着していったものである。そこには、農業に従事する地域の生活が基盤にあり、農民の生活そのものが村祭りであった。

特定の文化が生まれる際には、必ずその文化の担い手の生活が基礎にある。そしてこの文化の担い手は複数である以上、その生活を共通とする人々の地域社会が存在しなければならない。

このように考えると、生きた文化とはそれを支える地域社会と地域社会に生きる人たちの現実の生活が前提となることが理解されよう。私は生きた文化とはそのような人々の生活と地域社会が存在していなければならないと考えている。このような地域社会とその地域に生きる人々が生み出し、発展させていくものが文化なのである。

しかも、このような文化を支える地域社会は、当然ながらその地域の土地と密接不可分である。村祭りでは、実際に農業を営む土地がなければならない。

東日本大震災の際に東京電力福島第一原子力発電所が、原子炉から放射性物質を放出するという大事故を発生させた。この事故によって、多くの人たちが避難を余儀なくされたのは記憶に新しいところである。彼ら避難者は東京電力を相手に避難せざるを得なくなった苦痛に対する慰謝料を請求したところ、裁判所は極めて低額な慰謝料しか認めなかった。避難者たちは、避難によって地域社会に暮らす人たちの「故郷喪失」の損害を賠償すべきだと主張しているが、裁判所はこのような故郷喪失慰謝料を認めていない。この故郷喪失ということは、土地を失ったことによって生じた人の輪の喪失と人々が生み出し、担っていた地域の文化の喪失の意味である。この喪失は地域の人々のアイデンティティーの喪失でもある。

このように土地を失うことは、文化の担い手を失うことであり、文化そのものを失うことでもあり、また人々のアイデンティティーを失うことなのである。

アイヌのサケの捕獲を例にとっても、自ら支配する土地内の川で、自らの集団の決まりに従った自由な経済活動としてのサケ捕獲が行えてはじめて、そのサケ捕獲が生きたアイヌ文化となるのである。アシリチェップノミというその年の初めてのサケ漁の儀式も自由なサケ捕獲の下で生きたアイヌ文化となる。

もちろん、このように考えるからと言って、かつての生活を維持すべきなどと主張しているわけではない。文化は常に変遷し変化していくものだからである。しかし、変わらないのはその文化を支える生活の変化に応じて文化が変化・発展していくということである。したがって、文化を支える生活がなくなり、担い手がいなくなってしまえば、文化も消滅していってしまうのである。

文化と宗教的意味合い

また文化には宗教的意味合いを持つものが多い。村祭りは、自然への畏敬と崇拝が基礎にあり、「山の神」や「海の神」への祈りという面が強く残っている。

そして、アイヌ文化ほど宗教的意味合いを強く持つ文化はない。アイヌにとって、自然界にあるすべてのものが神である。サケもクマもフクロウもすべて神である。日高地方のコタンの会副代表の葛野次男に「この目の前の鍋も神さまだ」と言われたこともある。だからさまざまな神への感謝のためにカムイノミを行うのである。アイヌの人たちが行うイチャルパという先祖供養も各コタンが各コタンの先祖に対して等しく祈りをささげる儀式である。先祖への祈りは宗教であることは明らかである。

日本政府が考える「アイヌ文化の振興等」の問題点

このように文化というものを捉えれば、日本政府の推進しようとする「アイヌ文化の振興」とは、真のアイヌ文化の振興ではなく、「かつてはこうでした」という観賞用の文化に歪曲化される危険性が高いものである。この結果、アイヌにとってはたとえばアイヌ語教室もカルチャー教室以上のものではなく、さまざまなアイヌの儀式も和人にとっての観光の対象になりかねないのである。

ここには二つの問題がある。明治以降の日本という国がアイヌコタンから土地や自然資源を奪ったことを清算することなく、土地や自然資源を奪ったことを前提に文化を問題にしようとする矛盾点が一つである。もう一つは、国の施策とアイヌ文化の宗教性からくる矛盾である。これは憲法の政教分離原則にかかわってくる。

政教分離原則とは

「政教分離原則」とは、一言でいうと政治と宗教とを切り離し、たとえば政治が特定の宗教を保護したり、逆に特定の宗教を排斥したりすることを禁止しなくてはならない——とする憲法上の原則である。国民の宗教の自由を保障するには、まず権力が特定の宗教と結びつくことを禁止することが大事である。これはヨーロッパの歴史において、特定の宗教やその宗教を信ずる人たちが国の政治によって迫害されたことを教訓としている。日本でも戦前において「国家神道」のもとで政教一致政策がとられ、国民に対して神道が強制され、他の宗教は迫害された。そこで日本国憲法二〇条一項、三項は、この政教分離の原則を憲法上の制度とした。

この政教分離原則から公金を特定の宗教のために支出することはできない。よく問題になるのは、内閣の閣僚が靖国神社に参拝に行くことである。閣僚として公用車を使い、公費で神社側に玉ぐし料を支払えばこの政教分離原則に反する。そこで、閣僚の人たちは必ず「公人ではなく私人」として行き、公務ではなく支出も私費であることを強調するのである。

また、国の土地を特定の宗教のために利用させることもできない。その宗教を優遇することになるからである。ただ、たとえば公営の野球場やテニス場などのように、誰でも申し込みができ、抽選で選ばれれば使用料を支払って利用するような公的施設の場合はもちろん除かれる。この場合は宗教団体が定められた使用料を支払って野球場などを貸し切ることができる。もし宗教団体にこのような公の施設を貸さないとした場合には、その宗教への弾圧となり、政教分離原則違反になる。

象徴空間と政教分離原則

日本政府は、すでに書いているように、①「アイヌの歴史、文化等に関する国民各層の正しく幅広い理解の促進を図る」、②「将来へ向けてアイヌ文化の継承をより確実なものとし、新たなアイヌ文化の創造および発展に繋げていく」という目的から、白老町に国費を使って「民族共生象徴空間」を建設している。また〈二〇一九年法〉ではこれらの政策のために交付金を支出するとしている。この「民族共生象徴空間」は、あくまでアイヌの文化等の理解促進のため、またアイヌ文化の創造・発展のための施設であり、中でもアイヌ遺骨が納骨される慰霊施設では、「尊厳ある慰霊」が行われるとするのである。

日本政府の言うように、「民族共生象徴空間」で、このような文化活動や慰霊行為が行えるとすれば、それが政教分離の原則に反しないようにしなければならない。したがって、その文化活動や慰霊行為が宗教的意味合いを持たないようにしなければならないのである。

最も問題になるのは、一六〇〇を超えるアイヌ遺骨が慰霊施設に集約された場合に、「尊厳ある慰霊」をアイヌの人たちにしてもらう、と国が言っていることである。慰霊という行為は先祖の霊を信じるからこそ行われるものであるから、尊厳ある慰霊行為が先祖の霊に対するアイヌの風習にしたがって行われれば、明らかな宗教行為である。もし、宗教色をなくすとすれば、それは「慰霊行為」ではないことは明らかである。「慰霊行為」ではない「尊厳ある慰霊」とは何か。内閣官房アイヌ総合政策室アイヌ政策推進会議はいまだその内容を明らかにしていない。

また、もし象徴空間でのカムイノミや「尊厳ある慰霊」の際に、和人が写真を撮るためにカムイノミや慰霊行為の周囲を歩き回ったり、写真をパチパチ取り始めたりしたとする。そして、アイヌの人たちがこれらの儀式は、神聖なのだから「写真は撮らないでください」とか「勝手に歩き回らないでください」と禁止を求めたとする。これは「民族共生象徴空間」という国の施設で、アイヌのカムイノミや慰霊行為という宗教儀式を維持するために、一般の和人による写真撮影が禁止されたり、一部の立ち入りが拒否されたりするのであるから、これは明らかな政教分離原則違反である。土地を提供している国がそのような行為、つまりアイヌの宗教的行為を援助したことになるからである。

カムイノミはできるのか

政教分離の定めという憲法上の大原則を考えると、国の言う「アイヌ文化」や「尊厳ある慰霊」は宗教的意味合いを持たないものを考えていることになる。

アイヌの文化活動や「尊厳ある慰霊」行為の中で、いったい宗教的意味合いを持たないような活動とはどのような行為なのだろうか。カムイノミという儀式は、神を信じ、それゆえの神への祈りである。そういう意味でのカムイノミはできないということになる。ではどのような「カムイノミ」ならよいのだろうか。アイヌ側からすると、本来の宗教的意味合いを持つカムイノミでなければ、それはすでにアイヌ文化としてのカムイノミではない。

結局、宗教的意味合いを持たない「アイヌ文化」事業や「尊厳ある慰霊」として考えられるのは、「和人に見てもらう」観光事業としての「アイヌ文化」事業しか考えられないのである。

〈二〇一九年法〉の新法案では、地方自治体がアイヌ文化振興の〝基本計画〟を立てることになっている。地方自治体を巻き込むことによってアイヌ文化振興は地域を振興するための観光事業策ともなるのである。

国が施策として「アイヌ文化の振興」を行う際に、そのアイヌ文化は宗教色のない観光事業でなければならないと決めてしまうことは、アイヌ自身が真のアイヌ文化を継承発展させていく際の大きな妨げになるだろう。

日本という国の向かう先

日本政府は、二〇一九年に、アイヌ文化振興法に代わるアイヌ新法を成立させるとしている。この〈二〇一九年法〉は、北海道旧土人保護法からアイヌ文化振興法を経て新法へと繋がる明治以降の国のアイヌ政策の集大成としての性格を持つものである。この三つの法律の共通点は以下の点にある。

第一に、本書で述べてきた明治以降のアイヌコタンから土地や自然資源を違法に奪った事実（不正義）を問題としないことを前提とする点である。北海道旧土人保護法もこの点では共通している。アイヌ文化振興法も〈二〇一九年法〉もアイヌコタンの権限を一切認めず、あくまで個人の権利として文化享有権のみに突出している点で共通している。

第二に、アイヌコタンの集団としての独占的漁業権や狩猟権といった権限（先住権）を否定している点である。北海道旧土人保護法もアイヌコタンの集団の権限は認めないし、アイヌ文化振興法も〈二〇一九年法〉も同じである。このためアイヌコタンの自己決定権も決して認められることはない。

第三に、新法も含めた三つの法律は、国が考える「アイヌのあり方」に即した政策の実現を図るという意味では、同化政策としての法律でしかない、という共通点も挙げることができる。

ただ、〈二〇一九年法〉にはそれまでの法律にはなかった法的イデオロギー（考え）が装われている。それは①アイヌコタンまたはそれに代わる集団がもはや日本には存在しない、②憲法の枠内でアイヌの権利を考えるべきで、それ故に憲法は集団の権利を認めていないからアイヌコタンの集団の権限は憲法上認められない、というイデオロギーである。

アイヌ遺骨問題では、アイヌコタンという集団が存在しないという前提を明確にしたうえで、国が地域返還を求める団体の適格性を判断する、という方向を固めている（ガイドライン）。国が遺骨返還先の妥当性、適格性を判断するということは、国の意向に従わなければ盗掘された先祖の遺骨を返してもらえないということであり、アイヌからすればこれほどの屈辱はないであろう。これは北海道旧土人保護法と同じか、それ以上の同化政策である。
〈二〇一九年法〉は、北海道旧土人保護法にあった「窮乏を救う」という建前やアイヌ文化振興法にあった文化の「振興」という目的よりも、アイヌコタンという集団の存在とその権限を否定するという明治以来の国の不正義が法律の真の目的になっている。これが北海道旧土人保護法よりも強力なアイヌコタンの権限の否定と「それに従え」とする同化政策であることは明らかである。

このような国の方向は、国連先住民族権利宣言を完全に無視している。無視というよりもこの権利宣言に挑戦しているようにも思える。もし、日本がこのまま進んでいけば、アイヌ問題はより混迷を深め、アイヌの人たちの権利は回復されないままの状態が続いていくだろう。

私は、このような政策をとる日本に対して、アメリカで一九三四年に制定された〈インディアン再組織法〉を手本とすべきだと考えている。白人の社会（国家）からインディアンの社会を守るためには、白人社会と対決できるインディアンの組織を国が援助して作るべきとする考え方に基づいた法律である。私は、アイヌ社会が自立して存在でき、和人社会や和人文化と対等に存立するためには、国がアイヌコタンから土地や自然資源を奪っていった不正義と向き合い、その清算の方向を全国的に議論したうえで、アイヌコタンという集団を復活・再生させることを国が援助していかなければならないと考えている。〈二〇一九年〉という年は、国の考える一層の同化政策の方向か、国が過去の不正義と向き合って正しく清算していく方向か——そのことが厳しく問われていく時代のはじまりとなるのである。

おわりに

遺骨返還権について

「はじめに」でも触れたように、アイヌ遺骨返還訴訟において、裁判所が適当と認める団体に地域から発掘されて持ち去られたアイヌ遺骨の返還権が認められた。このような団体は、かつてのアイヌコタンの権限を一部ではあるが引き継いだ集団と見ることができる。遺骨管理権も先住権の一つとして認められるものである。

日本政府は、二〇一七年になって、アイヌ遺骨は「地域に返還する」という方針を打ち出し、二〇一八年一二月に遺骨返還ガイドラインを発表した。しかし、このガイドラインこそ日本政府の不正義を前提とする許しがたいものであった。本文で述べたとおり、ガイドラインでは尊厳ある慰霊が行えるかどうかなど返還を求める者の適格性を国が判断するとする。これでは、自己決定権を持つコタンの遺骨管理権そのものを否定し、慰霊という行為の「適格さ」までをも国の意思に従わせるということになる。これは明治政府が行ってきた同化政策以上の厳しい国の同化政策である。

日本政府の「地域への返還」は、一見、それまでの「祭祀承継者への返還」から前進したかのように見えるが、そうではない。重要なのは、そもそもアイヌ遺骨を歴史的に管理していた主体は誰かをまず明確にすることである。そして、本来遺骨を返還すべきそのような主体に対して、返還を行わなければならないということである。

また、最近では、白老に集約した遺骨を利用してDNA研究を行うことを政府自身が公言している。しかし、アイヌコタンの遺骨管理権は、いかなる形であっても遺骨を侵襲《しんしゅう》することを拒否することだろう。少なくとも発掘された場所のアイヌコタンの承諾を得ない限り、このような研究は不可能なはずである。この点では、日本政府側の論理に立っても、祭祀承継者の承諾は必要となるのであるから、祭祀承継者が不明の場合には永遠にその承諾を得られないことになり、DNA研究はできない、という結論になるはずである。しかしアイヌ遺骨に関してだけは、祭祀承継者がいない遺骨は、理由もなく研究対象になるという矛盾した結論になっている。

アイヌコタンあるいはそれに代わる集団への遺骨管理権限を早急に認め、DNA研究の是非の判断をこれらの集団に委ねる必要があるのである。

札幌医大のアイヌ遺骨研究

アイヌ遺骨のDNA研究については、最近、札幌医科大学の保管する遺骨がDNA研究の資料として提供されたことが明らかにされた。大学側の言い分では、「遺跡」から発掘された遺骨だから教育委員会(ないし自治体)の承諾で研究が可能であるとしている。しかし、有史以来、アイヌ以外の者で北海道に渡来した者は、基本的にオホーツク人と和人しかいない。そのどちらでもなければアイヌの先祖の遺骨なのである。そして和人がいくら「○○遺跡」と名付けても、その遺骨管理権は、その地のアイヌコタンにしかないのである。文化財保護法では、たとえば地方自治体が発掘し、所有者が不明の文化財は北海道あるいは地元自治体に帰属するとされている。これを根拠にして、「遺跡からの発掘遺骨」は北海道や市町村が所有し、これらの機関の承諾があればＤＮＡ研究ができるとすることは、アイヌの歴史とアイヌコタンの権限を無視するもので法的根拠に欠けるものである。もし文化財保護法を理由とするならば、和人の法律を勝手に適用する同化政策そのものと言えよう。

北海道では、江戸時代まで遡ってしまえば、多くの墓地などはアイヌ遺跡とされている。そして、これらの墓地から発掘された遺骨は、「遺跡の遺物」として地元のコタンとは「無関係」という扱いをされ、遺骨は埋蔵文化財とされている。これに対して、アメリカの遺骨返還の場合は、五〇〇年、六〇〇年前であっても、発掘された地のトライブへ返還されるのが普通である。唯一、アメリカで争われたのは九三〇〇年前の遺骨で「ケネウィックマン」と呼ばれる遺骨である。政府は地元のトライブに返還しようとしたが一部の科学者が九三〇〇年前だから、地元のトライブとの関係は不明だ、として争われた。日本では江戸時代（一五〇年前）ですら、地元のアイヌコタンとは「無関係」とされるのである。いかにアイヌが不当に扱われているかがわかる。

主権――自己決定権について

明治政府の違法行為の最たるものは、アイヌコタンの自己決定権（主権）を奪ったことである。日本政府は、先住権問題もその根拠となっている主権の回復から考えなければならないだろう。サケ捕獲権や遺骨管理権などの問題は実はそれほど難しいことではない。しかし、土地問題や主権問題になると多くの人たちも躊躇することだろう。それでもなお、明治政府の残した負の遺産――日本政府の行った不正義は必ず解決しなければならないのである。

科学としての法学

日本政府は、明治以降のアイヌコタンの否定とアイヌコタンの有していた土地への侵略行為を依然として是認している。是認しているがゆえに、侵略によって奪ったコタンの権限を、「すでにコタンは存在しない」から認める必要はないという姿勢をくずしていない。〈二〇一九年法〉は、その集大成でもある。しかし、事実としての歴史は変えることはできない。そもそも法の間違いを正すのが法学の使命である。しかし従来のアイヌに関する法学は歴史上の事実に触れようとはしなかった。法学は事実から目をそらせばもはや科学ではなくただの観念論となる。私は、既成の間違ったアイヌの法学を事実の裏打ちをもって正すべきだと思っている。そうでなければ法学は社会科学たりえないのである。

本書はアイヌのための法(アイヌ法)を確立しなければならないという一念でまとめたものである。特に従来からのアイヌに関する法学研究が事実に則さないだけでなく国際的視野にも立っておらず、したがって国連先住民族権利宣言を否定するような論調に陥っていることに危機意識を持ったためである。

しかしながら、このような意図が充分に展開できなかったことに自らの未熟さも感じている。ただ法学に携わらない人も含め、多くの人に問題提起できたとすれば、もって瞑すべしであろう。

最後に、本書の出版を勧めてくれた寿郎社の土肥寿郎氏、アイヌの歴史の理解に多大のご教授をいただいた榎森進先生、またアイヌの考え方について丁寧に教えてくれた葛野次男氏、浦幌の現地を案内してくださった差間正樹氏、差間啓全《ひろまさ》氏、遺骨返還訴訟で一緒に闘った弁護団の仲間たち、運動として遺骨返還訴訟を支え、過去の遺骨発掘の真相究明に取り組んできた北大開示文書研究会の方々、そして何よりも〈アメリカインディアン法〉についてご教授いただいたチャールズ・F・ウィルキンソン氏、故ディビット・ゲッチェス氏、その他多くの応援をしてくれたアイヌや和人の人々に、ここに感謝を述べるものである。

二〇一九年三月

市川守弘

参考文献

序章　アイヌ遺骨の返還から〈アイヌの法的地位〉の確立へ

・北海道大学開示文書研究会編著『アイヌの遺骨はコタンの土へ――北大に対する遺骨返還請求と先住権』緑風出版、二〇一六年
・植木哲也『学問の暴力――アイヌ墓地はなぜあばかれたか』春風社、二〇〇八年
・植木哲也『新版　学問の暴力――アイヌ墓地はなぜあばかれたか』春風社、二〇一七年
・常本照樹「アイヌ民族と「日本型」先住民族政策」（日本学術会議編『学術の動向』二〇一一年九月）
・内閣官房アイヌ総合政策室・アイヌ政策推進会議政策推進作業部会議事概要
・http://www.kantei.go.jp/jp/singi/ainusuishin/seisakusuishin/dai11/gijigaiyou.pdf
・アイヌ政策推進会議「民族共生の象徴となる空間」（作業部会報告書、二〇一一年六月）
・https://www.kantei.go.jp/jp/singi/ainusuishin/shuchou-kukan/houkokusho.pdf
・崎谷満『ＤＮＡでたどる日本人一〇万年の旅――多様なヒト・言語・文化はどこから来たのか？』昭和堂、二〇〇八年
・篠田謙一「人類史研究の最前線」（公益財団法人遺伝学普及会編『生物の科学　遺伝』二〇一六年一月）
・斎藤成也「ゲノム配列とゲノム規模ＳＮＰデータが解明する現生人類の進化」（同前）
・神澤秀明「古代ゲノム研究が明らかにする日本人成立のシナリオ」（同前）
・海部陽介「二一世紀の化石研究が明らかにした人類の起源」（同前）
・静内町史編さん委員会編『静内町史』静内町（現・新ひだか町）、一九七五年

・Noboru Adachi etal. Ethnic derivation of the Ainu inferred from ancient mitochondrial DNA data：American Journal of Physical Anthropology Vol.165 *January 2018*

第一章 先住民族の権利に関する国際連合宣言の内容と国の義務

・先住民族の権利に関する国際連合宣言
和訳 http://www.un.org/esa/socdev/unpfii/documents/DRIPS_japanese.pdf
英文 http://www.un.org/esa/socdev/unpfii/documents/DRIPS_en.pdf
・市川守弘「アイヌの先住権――権限の主体と権限の内容」（青年法律家協会北海道支部五〇年記念誌、二〇一六年）
・小坂田裕子「『先住民族の権利に関する国連宣言』の実施に向けた国際的努力と課題」（中京法学四九巻三・四号、二〇一五年）
・常本照樹「アイヌ民族「日本型」先住民族政策」（日本学術会議編『学術の動向』二〇一一年九月）
・常本照樹「憲法はアイヌ民族について何を語っているか――個人の尊厳と先住民族」（『スターバックスでラテを飲みながら憲法を考える』有斐閣、二〇一六年）
・アイヌ政策に関する有識者懇談会報告書
http://www.kantei.go.jp/jp/singi/ainu/dai10/siryou1.pdf

第二章 歴史から見たアイヌの法的地位

・松浦武四郎『近世蝦夷人物誌』（訳本『アイヌ人物誌』）平凡社、二〇〇二年
・松浦武四郎『廻浦日誌』北海道出版企画センター、一九七八年
・高倉新一郎『アイヌ政策史』日本評論社、一九四二年
・谷本晃久「琴似又市と幕末・維新期のアイヌ社会」
http://www.frpac.or.jp/about/files/sem1414.pdf 二〇一七年八月entered

・榎森進『アイヌ民族の歴史』草風館、二〇〇七年
・榎森進『北海道近世史の研究』北海道出版企画センター、一九九七年
・北海道・東北研究会編『場所請負制とアイヌ――近世蝦夷地史の構築をめざして』北海道出版企画センター、一九九八年
・高倉新一郎「新北海道史」(『高倉新一郎著作集第一巻』北海道出版企画センター、一九九五年)
・中村睦男『アイヌ民族法制と憲法』北海道大学出版会、二〇一八年
・榎森進『松前藩』吉川弘文館、未定稿
・北海道庁『北海道旧土人(明治四四年七月)』北海道出版企画センター復刻、一九八〇年
・北海道庁『旧土人に関する調査(大正一一年一一月)』北海道出版企画センター復刻、一九八〇年
・David H. Getches etal. FEDERAL INDIAN LAW; 2005
・北海道『新北海道史第三巻　通説二』一九六九年
・司法省『司法研究一七　報告集七』一九三三年
・北海道大学開示文書研究会編『アイヌの遺骨はコタンの土へ――北大に対する遺骨返還権請求と先住権』緑風出版、二〇一六年
・静内町史編さん委員会編『静内町史』静内町(現・新ひだか町)、一九七五年
・網走市『網走市史』一九五八年
・ジョン・バチェラー『AINU LIFE AND LORE Echoes of a Departing Race(アイヌの暮らしと伝承)(昭和二年)』北海道出版企画センター訳本、一九九九年
・高倉新一郎「アイヌの漁業権について」(『アイヌ研究』高倉理事長退任記念出版委員会、北大生協、一九六六年)
・榎森進・小口雅史・澤登寛聡編『北東アジアのなかのアイヌ世界』岩田書院、二〇〇八年

第三章　明治政府によるコタンへの侵略

・榎森進『アイヌ民族の歴史』草風館、二〇〇七年
・北海道庁『新撰北海道史第六巻　資料二』一九三六年
・北海道庁『新北海道史第三巻』一九六九年
・高倉新一郎『アイヌ政策史』日本評論社、一九四二年
・石狩町（現・石狩市）『石狩町史』一九八五年
・苫小牧市『苫小牧市史』一九七六年
・鈴木英一『開拓使文書を読む』雄山閣、一九八九年
・北海道大学開示文書研究会編『アイヌの遺骨はコタンの土へ――北大に対する遺骨返還請求と先住権』緑風出版、二〇一六年
・David H. Getches etal.; Cases and Materials on FEDERAL INDIAN LAW 5th edition fours edition 1998
・有島武雄『カインの末裔』岩波文庫、一九一七年

第四章〈アメリカインディアン法〉から学ぶこと

・市川守弘「〈アメリカインディアン法〉の生成と発展――アイヌ法確立の視座として」（日弁連編『現在法律実務の諸問題』二〇〇三年）
・Charles F. Wilkinson; American Indians, Time, and the Law ;Yale University Press 1987
・David H. Getches etal. ;Cases and Materials on Federal Indian Law fourth edition 1998
・John Ehle; Trail of Tears 1988
・Morihiro Ichikawa; Understanding the Fishing Rights of the Ainu of Japan: Lessons Learned from American Law, the Japanese Constitution, and International Law; Colorado Journal of International Environmental Law and Policy 2001
・Felix S. Cohen; Felix S. Cohen's Handbook of Federal Indian Law 1982 edition

・「個人が特定されたアイヌ遺骨等の返還手続に関するガイドライン」内閣府、二〇一四年
・http://www.kantei.go.jp/jp/singi/ainusuishin/dai6/siryou6.pdf
・常本照樹「憲法はアイヌ民族について何を語っているか――個人の尊厳と先住民族」(『スターバックスでラテを飲みながら憲法を考える』有斐閣、二〇一六年)
・富田虎男「北海道旧土人保護法とドーズ法――ジョン・バチェラー、白仁武、パラピタ、サンロッテー」(札幌学院大学人文学会紀要四八号、一九九〇年一二月)

第五章 憲法と先住権、先住権の主体としてのコタン

・渡辺洋三『法とは何か』岩波新書、一九九八年
・長谷川正安『法学論争史』学陽書房、一九七六年
・長谷川正安『フランス革命と憲法』三省堂、一九八四年
・長谷川正安『憲法学の基礎』日本評論社、一九七四年
・中村睦男『アイヌ民族法制と憲法』北海道大学出版会、二〇一八年
・北海道大学アイヌ・先住民研究センター編『アイヌ研究の現在と未来』北海道大学出版会、二〇一〇年
・常本照樹「憲法はアイヌ民族について何を語っているか――個人の尊厳と先住民族」(『スターバックスでラテを飲みながら憲法を考える』有斐閣、二〇一六年)
・榎森進『アイヌ民族の歴史』草風館、二〇〇七年
・常本輝樹「アイヌ民族と「日本型」先住民族政策」(日本学術会議編『学術の動向』二〇一一年九月)
・高倉新一郎『アイヌ政策史』日本評論社、一九四二年
・アイヌ文化保存対策協議会編『アイヌ民族誌(上)』第一法規、一九六九年
・Charles Wilkinson; American Indians, Time, and the Law; Yale University Press 1987
・高倉新一郎「アイヌ部落の変遷」(高倉理事長退任記念出版委員会編『アイヌ研究』一九六六年)

・佐々木利和「強制コタンの変遷と構造について」
http://repo.lib.hosei.ac.jp/bitstream/10114/10257/1/shigaku_30_sasaki.pdf
・海保嶺夫『日本北方史の論理』雄山閣、一九七四年
・河野広道「墓標の形式より見たるアイヌの諸系統」（河野広道著作集刊行会編『河野弘道著作集Ⅰ　北方文化論』一九七一年）
・高倉新一郎「アイヌの漁業権について」（高倉理事長退任記念出版委員会編『アイヌ研究』一九六八年）
・松浦武四郎『竹四郎廻浦日記』（復刻）、北海道出版企画センター、二〇〇一年
・松浦武四郎『東西蝦夷山地理取調日誌戊午第五一巻』（復刻）、北海道出版企画センター、一九八五年

第六章　北海道旧土人保護法の廃止と日本国の向かう先

・高倉新一郎『アイヌ政策史』日本評論社、一九四二年
・市川守弘「アイヌの子どもと教育」（日本科学者会議編『日本の科学者』一九九三年）
・榎森進『アイヌ民族の歴史』草風館、二〇〇七年
・アイヌ政策推進会議「民族共生の象徴となる空間」（作業部会報告書、二〇一一年六月）
http://www.kantei.go.jp/jp/singi/ainusuishin/shuchou-kukan/houkokusho.pdf
・河野広道『北方文化論』北海道出版企画センター、一九七一年
・「アイヌの人々の誇りが尊重される社会を実現するための施策の推進に関する法律」案
http://www.mlit.go.jp/report/press/hok01_hh_000033.html

市川 守弘（いちかわ・もりひろ）

1954年東京生まれ。中央大学法学部卒。弁護士（1988年弁護士登録、現在旭川弁護士会所属）。1999～2002年、コロラド大学ロースクール自然資源法センターに留学。著書に『アメリカインディアン法の生成と発展――アイヌ法確立の視座として』（日弁研修叢書）、共著書に『アイヌの遺骨はコタンの土へ――北大に対する遺骨請求と先住権』（北大開示文書研究会編著、緑風出版）、主な論文にUnderstanding the Fishing Rights of the Ainu of Japan: Lessons Learned from American Indian Law, the Japanese Constitution, and International Law（Colorado Journal of International Environmental Law and Policy 2001）、「アイヌ人骨返還を巡るアイヌ先住権について」（『法の科学』45号）などがある。

アイヌの法的地位《ほうてきちい》と国《くに》の不正義《ふせいぎ》
遺骨返還問題《いこつへんかんもんだい》と〈アメリカインディアン法《ほう》〉から考《かんが》える〈アイヌ先住権《せんじゅうけん》〉

発　行　2019年4月28日 初版第1刷

著　者　市川守弘

発行者　土肥寿郎

発行所　有限会社 寿郎社
〒060-0807 札幌市北区北7条西2丁目37山京ビル
電話 011-708-8565　FAX 011-708-8566
e-mail doi@jurousha.com　URL http://www.ju-rousha.com

印刷・製本　モリモト印刷株式会社

ISBN 978-4-909281-14-2 C0032

好評既刊

フチの伝えるこころ

アイヌの女の四季

計良智子

一九九五年刊行の名著『アイヌの四季』を日本語と英語で読める大判の〈新版〉で復刻。オハウ、チタタプ、プクサラタシケプ等、伝統的アイヌ料理のレシピも満載。

Ｂ５判並製二〇三頁（日本語八〇頁／英語一二八頁）　定価：本体二五〇〇円＋税

近現代アイヌ文学史論〈近代編〉

アイヌ民族による日本語文学の軌跡

須田茂

アイヌ民族の言論人によって書かれた文学（小説・評論・詩歌）のすべてを論じた日本初のアイヌ文学通史——その上巻「近代編」がついに完成。不条理な〝死角〟と〝ネグレクト〟のなかでも文学の普遍性を堅持したのがアイヌ民族文学だった——。

四六判並製五二八頁　定価：本体二九〇〇円＋税

シャクシャインの戦い

平山裕人

一六六九年六月、幕府を揺るがす〈アイヌの一斉蜂起〉始まる——。専門的な研究がほとんどないこの近世最大の民族戦争について、和人側の史料とアイヌ側の伝承を精査し、実際の現場も訪れ、道内各地の博物館の研究成果も取り入れてその全貌に迫った、四〇年に及ぶ研究の集大成。

四六判上製三二四頁　定価：本体二五〇〇円＋税

ウレシパ物語

アイヌ民族の〈育て合う物語〉を読み聞かせる

富樫利一

怖いはなし、悲しいはなし、愉快なはなし……。自然＝神々とともに生きるアイヌ民族の多様な口承文芸の世界を、課外授業の一環として小学生・中学生に読み聞かせてきたアイヌ文化アドバイザーの著者の、その語り口を生かした民話集（一九編）。藤野千鶴子の挿絵も楽しい親子で読める本。

四六判上製一九〇頁　定価：本体一七〇〇円＋税

おれのウチャシクマ

あるアイヌの戦後史

小川隆吉　［構成］瀧澤正

朝鮮人の父とアイヌ民族の母をもつ元北海道ウタリ協会理事がはじめて語った幼少期の差別と貧困、戦後の民族運動、原告としての北大遺骨返還訴訟……。今も明治以来の〈帝国主義〉と闘い続ける古老の〝生きた証〟を書き留めた貴重な戦後史。

四六判並製二〇八頁　定価：本体二〇〇〇円＋税

朝鮮人とアイヌ民族の歴史的つながり

帝国の先住民・植民地支配の重層性

石純姫

過酷な労働を強いられた朝鮮人をアイヌの人々は助け続けた。だが、そのつながりは戦時下ばかりではなかった——。丹念なフィールドワークと聞き取り調査から見えてきた朝鮮人とアイヌ民族の知られざる関わり。〈近代アイヌ史〉〈在日コリアン形成史〉に新たな視点を提示する画期的論考集。

四六判上製二四〇頁　定価：本体二二〇〇円＋税